국제 수학 올림피아드 1위,
중국의 영재들이 읽는 수학 동화 ❶

축구 신동 샤오베이,
수학 탐험에 나서다

1판 1쇄 발행 | 2011년 5월 30일
1판 2쇄 발행 | 2013년 10월 30일

글 | 리위페이
그림 | 최남진
옮김 | 이재화
펴낸이 | 윤상열
기획 및 편집 | 윤인숙 김수진
디자인 | 디자인스퀘어 어소시에이츠
마케팅 | 김상석
관리 | 박은성
펴낸곳 | 도서출판 그린북
출판등록 | 1995년 1월 4일(제10-1086호)
주소 | 서울시 마포구 망원동 471-18 두영빌딩 302호
전화 | 02-323-8030~1
팩스 | 02-323-8797
블로그 | http://GREENBOOK.kr
이메일 | gbook01@naver.com

ISBN 978-89-5588-223-0 74410
ISBN 978-89-5588-222-3 (세트)

＊잘못된 책은 구입하신 곳에서 바꿔 드립니다.

＊이 도서의 국립중앙도서관 출판시도서목록(CIP)은 e-CIP홈페이지(http://www.nl.go.kr/ecip)와 국가자료 공동목록시스템(http://www.nl.go.kr/kolisnet)에서 이용하실 수 있습니다. (CIP제어번호:2011002049)

국제 수학 올림피아드 1위,
중국의 영재들이 읽는 수학 동화 ①

축구 신동 샤오베이, 수학 탐험에 나서다

글 | 리위페이 그림 | 최남진 옮김 | 이재화

그린·북

차례

차례 **4**

이상한 초대장 **8**
얼떨결에 참가한 빙글나라의 수학 경기 **20**
수학 경기에서 우승하다 **37**
딩당, 멋진 쇼를 펼치다 **48**
딩당과 샤오베이, 납치되다 **58**
축구 지능 경기는 또 뭐야? **68**
덫에 걸려들다 **81**
수학궁을 그냥 구경만 하다 **92**
수학궁에 들어가기 정말 어렵네! **102**
딩당, 홀로 탐험에 나서다 **112**
그림에 숨은 단서를 찾아라! **123**

신비로운 황금방에 들어가다 **135**

빙글나라의 사파리 공원은 빙글빙글 돌까? **145**

하마 입속에서 목숨을 건지다 **157**

즐거움의 길일까? 근심의 길일까? **167**

비밀 설계도를 찾아라 **179**

샤오부뎬의 교묘한 술책에 속다 **187**

과연 범인은 누구일까? **197**

이번엔 고대 수학관으로! **208**

노래를 부르는 사람의 계시 **220**

다툼 마을이라고? **226**

빙글나라에서의 마지막 날! **233**

샤오베이랑 정리해 보자! 개념 쏙쏙! 실력 쏙쏙! **244**

딩당과 샤오베이와 함께 수학 탐험을 떠나볼까요?

이상한 초대장

초등학교 6학년인 딩샤오충은 반에서 늘 1등 자리를 놓치지 않았다. 얼마 전 시에서 열린 초등학교 수학 올림피아드에서도 1등을 했다. 거기에다 영리하고 마음씨 착하고, 친구들을 잘 도와주어서 모두들 친근하게 '딩당'이라고 부른다. 〈도라에몽〉의 '딩당'처럼 어떤 문제에도 쩔쩔매지 않는다는 뜻이다(중국에서는 도라에몽의 주인공 이름이 '딩당'이다). 이 책에서도 딩샤오충을 편하게 '딩당'이라고 부르겠다.

오늘은 여름 방학의 첫날! 딩당은 보통 때처럼 일찍 일어나서 운동한 뒤 외국어 공부를 하려던 참이었다. 그때 밖에서 우체부 아저씨가 딩당을 불렀다.

"딩샤오충 씨, 편지 왔습니다!"

딩당은 서둘러 편지를 뜯어 보았다.

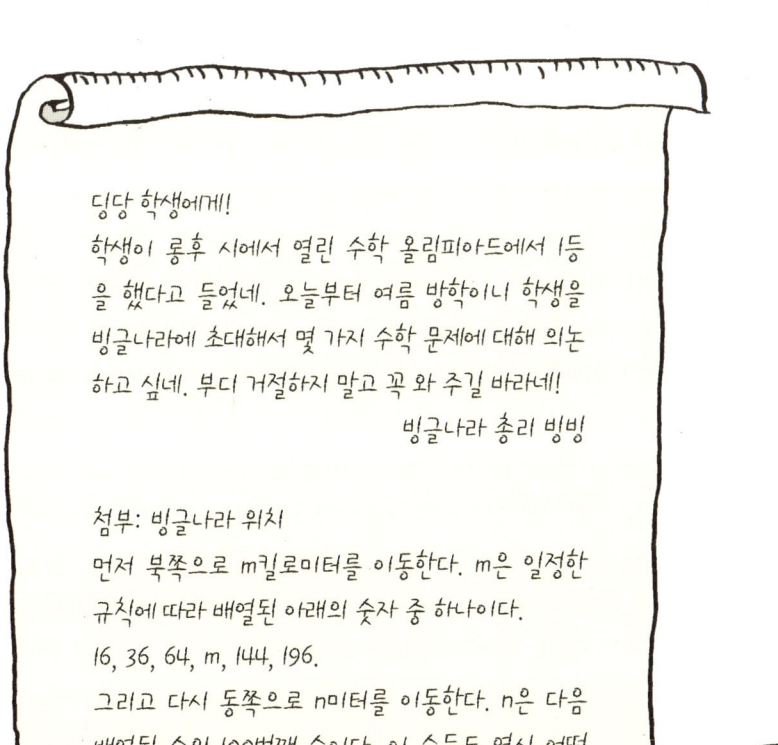

편지를 읽은 딩당은 머리를 긁적이며 고개를 갸우뚱거렸다.

"음, 먼저 m을 구해 볼까. 이 숫자들에 도대체 무슨 규칙이 숨어 있지? 도통 모르겠네. 참, 선생님이 숫자의 규칙을 알아내려면 먼저 숫자를 분해해 보라고 하셨지! 맞다, 이 숫자들은 전부 4로 나누어떨어지는구나. 그래, 먼저 4로 나누어 보자."

딩딩이 계산해 보니, 결과는 4, 9, 16, $\frac{m}{4}$, 36, 49였다.

"그래도 모르겠네. 이 숫자들에 또 무슨 특징이 있는지 좀 더 생각해 보자. 음……."

골똘히 생각하던 딩딩은 갑자기 손뼉을 치며 말했다.

"알았다! 여기의 모든 수는 자연수의 제곱이었어. $4=2\times2$, $9=3\times3$, $16=4\times4$, $36=6\times6$, $49=7\times7$."

딩딩은 무릎을 치며 외쳤다.

"야호! 규칙을 알아냈어. 이 숫자들의 배열 규칙은 $16=4\times2\times2$, $36=4\times3\times3$, $64=4\times4\times4$, $144=4\times6\times6$, $196=4\times7\times7$이야. 그럼 이 중에서 빠진 게 뭔지 찾아내면 돼."

딩딩은 잠깐 숫자들을 보더니 통통 뛰며 소리쳤다.

"맞다. 4×5×5가 빠진 거야. 4×5×5=100이니까 m은 분명히 100이야. 빙글나라에 가려면 북쪽으로 먼저 100킬로미터를 가면 돼."

딩당은 이제 n을 계산하려고 했다. 그때였다. 밖에서 천둥처럼 큰 소리로 딩당을 부르는 목소리가 들렸다.

"딩당! 공 차러 가자!"

소리와 함께 한 남자아이가 불쑥 뛰어들어 왔다. 학교에서 유명한 축구 선수 리샤오펑이었다. 축구장에서 요리조리 잘 뛰어다니고 특히 프리킥을 잘해서 별명이 '샤오베이'다. 미국 프로 축구 리그 팀 LA 갤럭시의 베컴처럼 잘생기고 축구 실력도 뛰어나다는 뜻이다.

샤오베이는 공부는 곧잘 하지만 수학 실력은 그다지 좋지 않다. 그래서 샤오베이의 엄마는 샤오베이가 축구하는 것을 좋아하지 않는다. 수학을 못 하는 이유가 헤딩을 많이 해서 머리가 나빠진 것이라고 생각하기 때문이다. 그럴 때면 샤오베이는 코웃음 치며 엄마에게 이렇게 말하곤 한다.

"헤딩을 해서 머리가 나빠졌다고요? 그럼 제가 외국어 시험에서 100점 맞는 건 어떻게 설명해야 하죠? 엄마는 그냥 제가 공을 차느라 신발이 금방 닳는 게 싫으신 거죠?"

사실, 딩당이 도와주지 않았다면 샤오베이의 수학 성적은 60점도 넘지 못했을 것이다.

딩당은 샤오베이에게 초대장을 보여 주며 말했다.

"빙글나라에서 초대를 받아서 오늘은 공 차러 못 가."

샤오베이는 초대장을 처음부터 끝까지 읽어 보더니 환하게 웃으며 냅다 공을 바닥으로 내던졌다. '쿵' 소리가 나더니 샤오베이가 공과 함께 튀어 올랐다.

"나도 빙글나라에 갈래!"

샤오베이가 말했다.

"너도 간다고? 빙글나라에서 수학 문제를 생각해 봐야 할 것 같은데, 괜찮겠어?"

딩당은 정색하며 물었다.

"뭐라고? 너 수학 올림피아드에서 1등 했다고 사람 무시하는 거야?"

샤오베이는 얼굴을 위로 치켜들며 말했다.

"좋아. 네가 이 초대장의 n을 구하면 데려가 주지."

샤오베이는 다시 초대장을 쭉 읽고는 말했다.

"문제없어! 이 문제는 숫자들의 규칙을 알아내면 되는 거잖아. 1에서 5 사이에는 2, 3, 4가 빠졌고, 5에서 9 사이에는 6, 7, 8이 없네. 그런데 이 숫자들 사이에 어떤 규칙이 있는 거지……?"

샤오베이는 머리를 긁적이더니 목소리가 점점 작아졌다.

"어떤 숫자가 빠졌는지에 집중하지 말고 이웃하는 두 수를 잘 관찰해 봐. 그 두 숫자가 얼마나 떨어져 있는지 보라고."

딩당은 웃음을 참지 못하고 키득거렸다.

"할 수 있어, 할 수 있다고! 이웃하는 두 수 사이의 간격이 숫자 세 개야. 1=1, 5=1+4, 9=1+(4×2), 13=1+(4×3), 17=1+(4×4)이잖아. 이렇게 쭉 계산해 나가면 100번째 수는 1+(4×99)=397이잖아. 그러니까 동쪽으로 397미터만큼 가면 빙글나라에 도착하겠네."

샤오베이는 확신에 차서 말했다.

"맞아! 우리 빨리 가자."

딩당과 샤오베이는 집을 나서서 곧장 북쪽으로 100킬로미터를 가고, 다시 동쪽으로 397미터를 갔다.

"이상하다. 분명히 여기가 맞을 텐데 어째서 아무도 마중을 안 나왔지?"

딩당이 이렇게 말하는 순간, 멀리서 두 아이가 걸어오는 것이 보였다. 둘은 서로 얼굴을 붉히며 말다툼을 하고 있었다. 보아하니 잘하면 싸울 기세였다.

"할 말이 있으면 차근차근 말로 해. 싸우지 말고."

딩당은 황급히 둘을 떼어 놓았다.

"싸우긴 누가 싸워요? 우리는 수학 문제에 대해서 이야기하고 있었어요."

둘 중 한 아이가 얼른 딩당에게 대꾸했다.

딩당은 그 아이들을 유심히 살펴보았다. 나이는 예닐곱 살쯤 되어 보였는데, 한 아이는 얼굴도 둥글고 눈도 둥글고 코도 둥글었다. 그리고 다른 아이는 얼굴이 네모나고 입도, 코도 모두 네모났다. 둘 다 눈썹이 이상하게 자랐고, 눈썹 꼬리는 길어서 안쪽으로 몇 바퀴나 감겨 있었다.

샤오베이가 보기에는 초등학교 1, 2학년 정도인 것 같았다. 그래서 수학 문제가 어려워 봤자 뭐 그리 어렵겠냐 싶어 이번에 자신이 실력을 한번 보여 줘야겠다고 생각했다.

"애들아, 안 풀리는 문제가 있으면 뭐든지 물어봐. 내가 가르쳐 줄게."

샤오베이는 두 아이에게 말했다.

"저는 원원이고, 쟤는 방방이라고 해요. 둘 다 초등학교 1학년이에요. 우리가 계속 고민한 문제는 이거예요. 갑, 을, 병, 정, 무라는 다섯 아이가 있어요. 모두 같은 해 같은 달에 태어났는데, 태어난 날짜가 하루씩 차이가 나요. 그리고 갑이 을보다 일찍 태어난 날 수는 병이 정보다 늦게 태어난 날 수와 같아요. 무는 정보다 이틀 먼저 태어났어요. 을의 올해 생일이 수요일이면, 나머지 아이들의 올해 생일은 무슨 요일인가요?"

얼굴이 둥근 아이가 자신들을 소개하며 말했다.

"이렇게 어려운 문제는 너희 같은 어린아이들이 풀 수 있는 게 아니야. 너희는 1+2나 2+3 같은 문제를 풀어야지!"

샤오베이는 머리를 긁적이며 고개를 갸우뚱하더니 말했다. 그러고는 딩당을 잡아끌며 가려고 했다. 그러자 원원이 두 팔을 벌려서 샤오베이를 막아섰다.

"아직 문제를 풀지도 않았는데 가려고 하다니 이 형은 창피하지도 않은가 봐."

괘씸한 말에 샤오베이가 화를 내려고 하는데 딩당이 나섰다.

"내가 도와줄게. 이 문제의 핵심은 갑, 을, 병, 정, 무 이 다섯 아이들을 태어난 순서대로 배열하는 거야."

그때 방방이 샤오베이를 툭툭 치며 말했다.

"형! 이 형이 말하는 게 맞는 거 같아요?"

"내가 애 정도 수준만 되면 이런 문제쯤 간단하지."

샤오베이가 눈을 부라리면서 말했다.

"그런데 그 순서는 어떻게 배열해야 하죠?"

원원이 딩당에게 물었다.

"내 얘기 잘 들어봐. 갑이 을보다 일찍 태어난 날 수와 병이 정보다 늦게 태어난 날 수가 같다고 했으니까 갑은 을보다 먼저 태어났고, 정은 병보다 먼저 태어났어. 또 무가 정보다 이틀 먼저 태어났으니까 무는 정보다 분명히 앞이야. 그리고 무와 정 사이에 한 아이가 또 있겠지?"

딩당이 차근차근 말했다.

"그런 관계는 문제에 다 들어 있어요. 이 문제의 핵심은 무와 정 사이에 도대체 누가 있느냐는 거죠."

원원은 비아냥거리듯 말했다.

"야! 이 조그만 녀석이 말하는 거 좀 봐라. 배열해 보라고 하면 분명히 갑, 을, 병, 정, 무라고 할 거면서."

샤오베이는 한 발짝 앞으로 나서며 말했다.

"샤오베이, 가만있어 봐! 병이 정보다 나중이니까 무와 정 사이는 갑과 을 두 가지 가능성밖에 없어."

딩당이 샤오베이를 끌어당기며 말을 이었다.

"을이죠? 그렇죠?"

방방이 으스대며 말했다.

"아니."

딩당이 확신에 찬 목소리로 말했다.

"만일 무와 정 사이가 을이면, 다섯 아이들이 태어난 순서는 갑, 무, 을, 정, 병이야. 그리고 모두 하루씩 차이가 난다고 했잖아. 이러면 갑은 을보다 이틀 먼저 태어났고, 정은 병보다 하루 일찍 태어났으니까 문제와 맞지 않아. 문제에서는 갑이 을보다 일찍 태어난 날 수가 병이 정보다 늦게 태어난 날 수와 같다고 했거든."

"그러면 무, 갑, 정, 을, 병일 수밖에 없네요? 을의 올해 생일이 수요일이니까."

원원이 말했다.

"그러면 병은 목요일, 정은 화요일, 갑은 월요일, 무는 일요일이지? 다 풀었다!"

샤오베이가 불쑥 끼어들며 말했다. 그러자 원원이 곁눈질로 샤오베이를 흘겨보았다.

"혹시 너 빙글나라에 어떻게 가는지 아니?"

딩당이 원원에게 물었다.

"여기가 바로 빙글나라예요. 우리는 빙글 제1초등학교에 다니고요. 형들은 여기 초대받은 거죠?"

원원이 눈을 크게 뜨며 물었다.

"맞아! 바로 너희 나라의 빙빙 총리님이 우리를 초대했어."

한참을 묵묵히 있던 샤오베이가 어느 순간 정신이 번쩍 들었는지 큰 소리로 대답했다.

"환영해요! 그런데……."

원원과 방방이 같이 손을 마주치며 말하다가 원원이 눈을 동그랗게 뜨며 샤오베이를 뚫어지게 쳐다보았다.

"그런데 뭐?"

샤오베이가 당황하며 물었다.

"빙글 총리님이 초대하는 손님들은 하나같이 수학을 잘했어요. 그런데 형의 수학 실력을 보니 좀 걱정되네요."

그러고는 원원과 방방이 각각 쪽지를 한 장씩 써서 한 장은 딩당에게, 한 장은 샤오베이에게 주었다.

"우리나라 규정에는 이런 게 있어요. 손님이 오면 수학 실력에 맞춰서 대접하는 거예요. 동쪽으로 가면 길이 두 개 있는데, 각자 한 길씩 가야 해요. 그러다 초소에 도착하면 병사에게 그 쪽지를 주세요. 그러면 그 사람이 형들을 총리님 관저로 데리고 갈 거예요. 그럼 안녕!"

방방은 이렇게 말하고는 원원과 함께 멀리 사라졌다.

딩당과 샤오베이는 각자 한쪽 길을 선택해서 걸어갔다.

딩당은 천천히 길을 걸으며 빙글나라의 풍경을 감상했다. 푸른 나무와 눈부신 꽃, 경치가 무척 아름다웠다. 그런데 나뭇잎과 꽃잎들이 전부 굽이굽이 휘감겨 있었다. 딩당은 나무와 꽃,

풀들도 빙글빙글 휘감겨 있는 게 빙글나라의 특징인가 보다 하고 생각했다.

"멈춰라! 어디에 가는 것이냐?"

갑자기 큰 나무 뒤에서 병사가 뛰어나오며 말했다.

"저는 빙빙 총리님의 초대를 받았어요. 자, 이것 보세요."

딩당은 재빨리 방방이 준 쪽지를 꺼내 보이며 말했다.

병사가 쪽지를 보고는 말했다.

"이것은 수학 문제다. 네가 이 문제를 풀면 우리 총리님의 손님이라는 뜻이고, 풀지 못하면 손님을 가장한 사기꾼이라는 뜻이다. 어서 풀어 봐라."

쪽지에는 다음과 같이 쓰여 있었다.

> 선생님은 각각 한 단어가 쓰여 있는 영어 단어 카드 100장을 꺼내서 학생 네 명에게 카드의 단어를 외우게 했다. 각 카드에는 그 단어를 외운 학생의 수만큼 '+' 표시를 그렸다. 학생 네 명은 각각 89, 82, 78, 77개의 단어를 암기했다. '+'가 네 개 그려져 있는 카드는 최소한 몇 장인가?

얼떨결에 참가한 빙글나라의 수학 경기

　'이 문제를 어디서부터 시작해야 하지? 문제는 '+' 표시가 네 개 그려진 카드가 최소 몇 장인지 묻는 건데…….'
　딩당은 머리를 요리조리 굴려 보았다. 먼저 한 학생이 단어를 89개 외웠으므로 딩당은 카드 89장에 '+' 표시를 각각 그려 보았다. 그리고 또 한 학생이 단어를 82개 외웠으므로 카드 82장에 '+' 표시를 각각 그려 보았다.
　'어, 될 것 같은데!'
　딩당은 계속 생각했다.
　'간단하게 생각하자. 먼저 학생 네 명을 갑과 을 두 학생으로 보자.'
　갑과 을을 다 표시하면 '+' 표시가 두 개 그려져 있는 카드가 최소한 몇 장일까? 그런 카드가 최소 몇 장인지 직접 구하는 것은 어렵다. 다른 각도에서 생각해 보면 '+' 표시가 두 개가 그려져 있지 않은 카드가 최대 몇 장인지 구하는 방법이 있다.

언제 '+' 표시 두 개가 그려져 있지 않은 카드가 가장 많아질까? 바로 갑과 을이 외우지 못한 단어가 서로 모두 다를 때이다. 이럴 때는 갑이 '+' 표시를 하지 않은 카드가 100-89=11장이고, 을이 '+' 표시를 하지 않은 카드가 100-82=18장이므로, '+' 표시 두 개가 그려져 있지 않은 카드는 최대 11+18=29장이다.

"됐어! 만일 네 명이 외우지 못한 단어가 서로 다르면 '+' 표시가 네 개 되어 있지 않은 카드는 최대 (100-89)+(100-82)+(100-78)+(100-77)=74장이니까 '+' 표시가 네 개 그려진 카드는 최소 100-74=26장이야."

병사는 딩당이 문제를 풀어내는 것을 보더니, 바로 태도가 공손하게 바뀌었다.

"너는 정말 우리 빙빙 총리님의 손님이구나. 자, 나를 따라오너라."

병사는 씩씩한 걸음걸이로 앞장서서 길을 안내했다. 딩당은 병사의 걷는 모습이 재미있어서 뒤에서 흉내를 내며 따라갔다.

한참을 걸어가고 있었는데, 갑자기 누군가가 외치는 소리가 들렸다.

"딩당, 빨리 나 좀 구해 줘!"

바로 샤오베이의 목소리였다. 딩당은 소리가 나는 방향으로 후다닥 달려갔다. 앞서 가던 병사는 딩당이 뛰어가는 것을 보고 재빨리 쫓아오며 외쳤다.

"얘, 빙빙 총리님은 이쪽에 계셔! 그쪽은 감옥이라고!"

딩당은 뒤돌아보지도 않고 온 힘을 다해 달렸다. 작은 숲을 막 돌아서자, 뚱뚱한 빙글나라 병사가 샤오베이를 감옥으로 끌고 가는 게 보였다.

"멈춰요! 왜 사람을 잡아가는 거예요?"

딩당은 큰 소리로 외치며 재빨리 뛰어갔다.

"얘가 빙빙 총리님의 손님이라고 우기는데, 쪽지에 있는 문제도 못 푸는 걸 보면 분명 총리님의 손님이 아니야. 우리나라의 법률에 따르면 손님을 가장한 사기꾼은 감옥에 가야 해."

뚱뚱한 병사는 고개를 저으며 말했다.

"이 친구는 샤오베이고 저는 딩당이에요. 빙빙 총리님이 저를 손님으로 초대했고, 이 친구는 그냥 저를 따라온 거예요. 수학 문제가 있으면 제가 풀어야죠."

딩당은 병사에게 차분히 설명했다.

"한 사람은 딩당, 다른 한 사람은 샤오베이라······. 이름은 참 멋진데 수학 실력은 어떤지 모르겠군. 좋다. 한번 풀어 봐라. 하지만 풀지 못하면 같이 감옥에 가야 할 거다."

병사는 말을 마치더니 딩당에게 쪽지를 주었다. 쪽지에는 다음과 같은 문제가 쓰여 있었다.

축구팀 A, B, C, D 네 개 팀이 리그 경기를 하고 있다. 몇 경기가 진행된 뒤 A, B, C 세 팀의 경기 결과는 알려졌지만 D 팀의 경기 결과는 아직 모른다. 알려진 경기 결과는 아래와 같다.

팀	경기 횟수	승	패	무	넣은 골수	허용한 골수
A	3	2	0	1	2	0
B	2	1	0	1	4	3
C	2	0	2	0	3	6
D						

각 팀의 득점 상황은 얼마인가?

"샤오베이! 네가 가장 잘 아는 축구 문제를 받았는데 이것도 못 풀면 어떡하니?"

딩당은 문제를 보고는 피식 웃었다.

"사람이 감옥에 갇히게 생겼는데, 넌 웃음이 나오니? 네 팀의 승부 관계가 마구 얽혀서 복잡한데 그걸 어떻게 풀어?"

샤오베이는 뾰로통해서 입술을 내민 채 말했다.

"A, B, C, D 네 팀이 리그 경기를 하면 각 팀은 다른 세 팀과 한 번씩 경기를 해. A는 이미 세 번 다 경기를 했으니 A팀부터 시작하는 게 제일 간단해."

딩당은 아랑곳하지 않고 문제를 두 번 읽어 보고는 말했다.

"간단하다고? 난 왜 풀 수가 없었지?"

샤오베이는 고개를 저으며 말했다.

"A팀과 B팀의 경기를 생각해 봐. A와 B는 진 적이 없으니까 A와 B는 비길 수밖에 없어."

딩당이 말했다.

"맞다!"

샤오베이는 손뼉을 치며 말했다.

"A팀이 골을 먹지 않았으니 A팀과 B팀은 분명히 0 대 0이야."

딩당이 또 말했다.

"와! 너 정말 대단하다! A팀과 B팀의 점수를 구해 냈어!"

샤오베이는 딩당을 툭 치며 감탄했다.

"이제 내가 이어서 풀어 볼게. A팀이 두 번을 이겼으니까 분명히 C와 D를 이겼어. 경기에서 이기려면 골을 반드시 넣어야 하는데, A팀은 두 골밖에 못 넣었으니까 각 팀에 한 골씩 넣은 거야. 그래서 A와 C는 1대 0이고, A와 D도 1대 0이야."

샤오베이가 말했다.

"우아, 대단한데! 계속 풀어 봐!"

딩당이 샤오베이를 보고 말했다.

"B와 C, B와 D, C와 D의 점수가 아직 남았네. B는 경기를 두 번 했는데, 한 경기는 A와 비겼고 한 번은 이겼어. 그런데 C팀을 이겼는지 D팀을 이겼는지 잘 모르겠네?"

샤오베이는 정신을 좀 더 집중했지만 잘 풀리지 않았다.

"B와 D의 점수는 4대 3이야."

샤오베이가 난감해하자, 딩당이 도움을 주었다.

"왜? B와 C가 4대 3이 아닌가?"

샤오베이가 고개를 갸웃거렸다.

"A와 C의 점수가 1대 0인 건 이미 알고 있는데, C는 두 경기 밖에 하지 않았어. 만약 남은 한 경기가 B와 하는 것이라면 B는 네 골을 넣었으니까 C는 다섯 골을 먹어야 해. 그런데 여섯 골을 먹었으니까 문제와 맞지 않아."

딩당이 말했다.

"그럼 B와 C의 점수는?"

샤오베이가 또 물었다.

"아직 경기도 안 했거든!"

딩당의 대답에 뚱뚱한 병사와 샤오베이가 웃었다.

"그 다음에 뭘 더 알 수 있지?"

병사가 딩당에게 물었다.

"C와 D는 3대 5예요. C가 A에 한 골을 먹었는데, B와는 아직 경기하지 않았으니까 허용한 여섯 골 중에 다섯 골은 D에게 먹은 거죠."

딩당이 말했다.

"나, 어지러워."

그때 갑자기 샤오베이가 딩당에게 기대며 말했다.

"왜 그래?"

"빙글나라의 문제 때문에 머리가 어지러워 죽겠어!"

샤오베이가 이렇게 말하자 뚱뚱한 병사는 재미있다는 듯 껄껄 웃었다.

그때 딩당을 쫓아온 병사가 도착했다.

"두 분을 모시겠습니다."

딩당과 샤오베이는 두 병사를 따라 총리 관저로 향했다. 계속 가다 보니 앞쪽에 오색 깃발이 휘날리고 온통 시끌벅적했다.

"우리, 가 보자."

왁자지껄 함께 모여서 노는 것을 좋아하는 샤오베이가 조용히 딩당의 옷자락을 잡아당기며 말했다. 그리고는 말이 끝나기가 무섭게 뛰어가 버렸다.

'빙빙 총리님의 손님으로 온 건데, 저렇게 마음대로 돌아다니다니!'

딩당은 속으로 제멋대로인 샤오베이를 탓했다. 하지만 한편으로 샤오베이 혼자서 다니다가 혹시 무슨 일이라도 생길까 봐 걱정이 되어 따라갈 수밖에 없었다. 다행히 둘을 안내하던 병사들은 마치 길이라도 내는 것처럼 앞장서서 가고 있어서 샤오베이와 딩당이 슬그머니 사라진 것을 알지 못했다.

딩당이 샤오베이를 따라가 보니, 그곳에는 연극 무대가 펼쳐져 있었다. 무대는 각종 꽃과 갖가지 빛깔의 비단으로 꾸며 놓아 무척 아름다웠다.

"이야, 공연이 있나 봐! 무대 장치가 굉장한걸. 틀림없이 재미있을 거야."

샤오베이가 폴짝폴짝 뛰며 말했다.

딩당은 그다지 공연이 보고 싶지 않아서 이리저리 주위를 둘러보았다. 그러다 문득 무대 오른쪽에 공고문이 크게 붙은 것을 보고 가까이 가서 읽어 보았다. 거기에는 다음과 같이 쓰여 있었다.

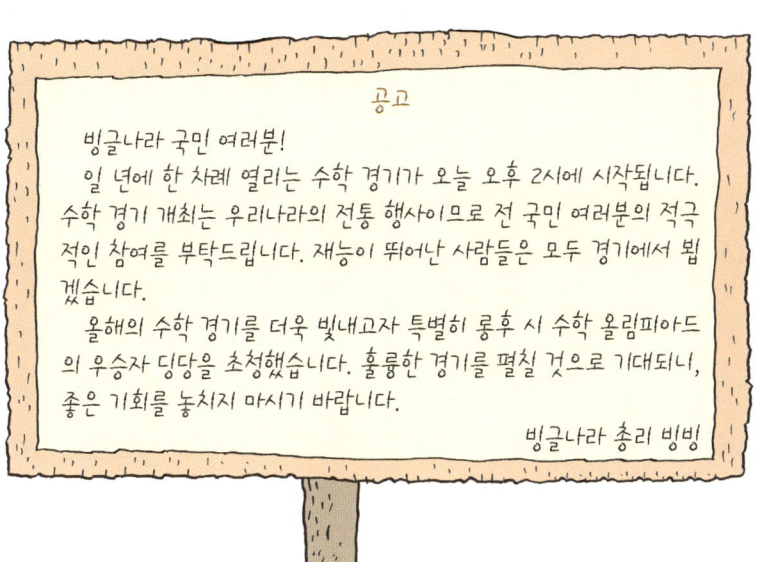

공고

빙글나라 국민 여러분!
일 년에 한 차례 열리는 수학 경기가 오늘 오후 2시에 시작됩니다. 수학 경기 개최는 우리나라의 전통 행사이므로 전 국민 여러분의 적극적인 참여를 부탁드립니다. 재능이 뛰어난 사람들은 모두 경기에서 뵙겠습니다.
올해의 수학 경기를 더욱 빛내고자 특별히 롱후 시 수학 올림피아드의 우승자 딩당을 초청했습니다. 훌륭한 경기를 펼칠 것으로 기대되니, 좋은 기회를 놓치지 마시기 바랍니다.

빙글나라 총리 빙빙

딩딩은 공고문에 쓰인 자신의 이름을 보는 순간, 머릿속이 멍해졌다.

'빙빙 총리가 나를 초청한 건 이 경기 때문이었어. 이거, 좀 힘들겠는걸?'

딩당이 공고문을 보며 이런 생각에 빠진 채 멍하니 서 있을 때였다. 어딘가에서 큰 소리가 들렸다.

"빙빙 총리 납시오!"

딩당이 고개를 돌리니, 장군 복장을 한 아저씨가 병사들에게 빼곡하게 둘러싸인 채 미소를 지으며 다가오고 있었다. 아저씨는 친절하게 딩당의 손을 잡으며 말했다.

"내가 바로 빙빙이다. 학생이 딩당인가? 우리 빙글나라에 온 것을 환영하네."

딩당은 지금까지 이렇게 성대한 환영을 받은 적이 없어서 무슨 말을 해야 좋을지 몰라 계속 고개만 끄덕거렸다.

"경기가 열리기까지는 아직 시간이 남았으니 우선 총리관으로 가자."

빙빙 총리가 딩당에게 차에 타라고 했다.

"제 친구도 같이 왔어요."

딩당은 주위를 둘러보고는 샤오베이가 보이지 않자 목청껏 소리를 질렀다.

"샤오베이! 샤오베이!"

"딩당, 나 여기 있어."

샤오베이는 아까부터 큰 무대의 기둥 뒤에 숨어 있었다.

"빙글나라는 왜 이렇게 수학을 중요하게 생각하나요?"

총리 관저에 도착하자 딩당이 빙빙 총리에게 물었다.

"수학은 과학의 여왕이라고 할 수 있지. 수학이 없으면 현대 과학 기술도 없어. 국민에게 수학을 보급하고 수학 수준을 높여야만 국민이 부유해지고 나라가 강해질 수 있다네."

빙빙 총리가 대답했다.

"여기에 오다가 방방, 원원이라는 두 아이를 만났어요. 이제 초등학교 1, 2학년밖에 안 되어 보이던데, 어떻게 그렇게 어려운 수학 문제를 풀 수 있지요?"

샤오베이도 정말 궁금한 듯 물었다.

"현대 수학은 하루가 다르게 발전하고 있네. 그런데 초등학교 1학년이라고 해서 늘 1+1부터 배우기 시작한다면 언제 현대 수학을 접할 수 있겠나? 우리 빙글나라는 초등학교에서 배우는 수학은 학교에 입학하기 전에 미리 배우게 하고 있지. 그리고 초등학교 1학년부터 대수를 가르치는데, 아마 너희가 사는 곳의 초등학교 6학년 수학에 해당할 거야. 마찬가지로 여기서 중학교를 졸업하면 그곳 대학 과정의 수학을 다 배우게 되지. 그래서 우리나라에서는 대학에 가면 바로 수학 연구를 한단다. 그래야 인재를 빨리 양성할 수 있거든."

빙빙 총리가 웃으며 말했다.

"여기에 오면 우린 다시 초등학교 1학년이 되겠다."

샤오베이는 혀를 내두르며 작은 목소리로 딩당에게 말했다.

경기 시간이 점점 다가오자 수학 경기가 열리는 무대 앞은 사람들로 붐볐다. 빙빙 총리와 딩당, 샤오베이는 귀빈석에 앉았다. 폭죽이 터지고 타악기 연주가 흥겹게 울려 퍼지고 난 뒤, 진행자가 수학 경기의 방법을 설명했다.

경기 방법은 간단했다. 먼저 우승자가 무대에 서고 도전자가 올라가면, 우승자는 수학 문제 세 개를 내고 도전자는 각 문제를 5분 안에 맞히는 것이다. 답이 틀리면 도전자는 경기에 패하고, 답이 모두 맞으면 우승자는 도전자에게 패한다. 그리고 도전자가 새로운 우승자가 된다.

진행자가 경기 시작을 알렸다. 진행자의 말이 끝나기가 무섭게 피부가 희고 뚱뚱한 남자아이가 무대로 후다닥 뛰어 올라왔다. 아이는 무대 한가운데에 서서 사람들에게 허리를 굽혀 인사하며 말했다.

"제가 첫 번째 우승자를 맡겠어요."

샤오베이는 딩당을 툭 치며 말했다.

"쟤, 원원 아니야?"

원원이 칠판에 첫 번째 문제를 썼다.

우리 반에 학생이 45명인데, 이 중에 잘 우는 아이가 17명이고, 잘 웃는 아이가 18명, 잘 울기도 하고 잘 웃기도 하는 아이가 6명이다.
(1) 잘 웃기만 하고 울지 않는 아이는 몇 명인가?
(2) 잘 울지도 잘 웃지도 않는 아이는 몇 명인가?

"이 문제는 쉬우니까 내가 도전할게. 이겨야 우리 체면도 설 거 아냐?"

샤오베이가 딩당에게 말했다. 그러고는 말이 끝나자마자 일어나서 무대로 올라가려고 했다. 딩당은 샤오베이를 꽉 붙잡으며 말했다.

"너 잘 생각해야 해. 이 문제 어떻게 풀 거야?"

샤오베이는 전혀 문제 될 것 없다는 듯이 말했다.

"이게 뭐가 어려워. 전체 45명에서 잘 우는 아이 17명을 빼고, 잘 울기도 하고 잘 웃기도 하는 아이 6명을 또 빼면, 남는 22명이 바로 잘 웃기만 하고 울지 않는 아이들 수잖아, 뭐!"

딩당은 고개를 저었다. 샤오베이는 이해가 안 된다는 표정으로 말했다.

"틀렸다고? 그럼……. 두 번째 문제는 내가 할 수 있어. 45명에서 잘 우는 아이 17명을 빼고 잘 웃는 아이 18명을 빼고 잘 울기도 하고 잘 웃기도 하는 아이 6명을 또 빼면, 남은 4명이 바로 잘 울지도 잘 웃지도 않는 아이들이잖아."

딩당은 또 절레절레 고개를 저으며 말했다.

"잘 우는 아이 중에는 잘 울기도 잘 웃기도 하는 아이들이 포함되어 있을 수 있어. 너처럼 계산하면 틀려."

샤오베이는 두 문제가 모두 틀리자 바람 빠진 풍선처럼 힘없이 자리에 풀썩 주저앉았다.

그때 열여덟 살쯤 되어 보이는 소년이 무대로 올라가서 문제에 답했다.

"잘 웃기만 하고 울지 않는 아이는 모두 12명이고, 잘 울지도 잘 웃지도 않는 아이는 모두 16명이야."

"이유를 설명해 보세요."

소년이 칠판에 다가가 먼저 큰 원을 그리며 말했다.

"이 원은 너희 반의 45명을 나타내."

그리고 큰 원 안에 서로 겹치는 원 두 개를 그리면서 말했다.

"이 두 개 중에 한 원은 잘 우는 아이들이고, 다른 한 원은 잘 웃는 아이들이야. 그리고 두 원이 겹치는 부분은 잘 울기도 하고 잘 웃기도 하는 아이들이지. 큰 원 안에 있지만 작은 두 원의 바깥은 잘 울지도 잘 웃지도 않는 아이들이야. 이 원들의 관계를 보고 계산해 보면, 잘 울지만 웃지는 않는 아이는 모두 11명이고, 잘 웃지만 울지는 않는 아이는 모두 12명이야. 또 잘 울기도 잘 웃기도 하는 아이는 6명이고, 잘 울지도 잘 웃지도 않는 아이는 모두 16명이야."

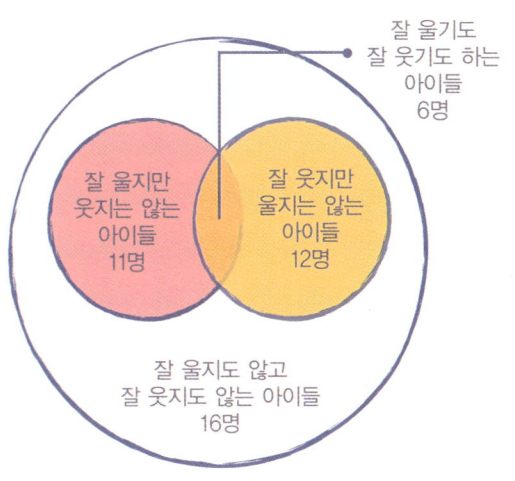

소년의 말이 끝나자

무대 아래에서는 "맞아요!" "정답이야!" 하고 외치는 소리가 들렸다. 이어서 우레와 같은 박수 소리와 환호성이 울렸다.

"뭐야, 난 다 틀렸네!"

샤오베이는 혀를 내두르며 말했다.

"너도 잘 기억해 둬. 문제를 풀 때 그림을 그리면 많은 도움이 돼."

딩당이 말했다.

"자, 그럼 두 번째 문제도 풀어 보세요."

원원이 이렇게 말한 뒤, 칠판에 문제를 적었다.

"이 문제는 원원이 낼 만한 문제가 아닌 것 같은데? 날 그냥 통과시켜 주니까! 잉어는 모두 8마리야."

샤오훙은 잉어, 붕어, 초어를 모두 10마리 낚았다. 샤오훙이 친구에게 말했다.
"네가 아무렇게나 세 마리를 꺼내도 최소한 잉어 한 마리는 꼭 있어."
잉어는 모두 몇 마리인가?

소년은 원원을 향해 웃으며 말했다.

"왜요?"

원원이 물었다.

"잉어가 8마리보다 적으면 내가 세 마리를 꺼낼 때 모두 붕어와 초어일 수도 있어."

소년이 이렇게 말하자 또다시 환호성이 터졌다.

"꼬마야, 나에게 우승자 자리를 넘겨주는 게 어때?"

소년은 웃으며 원원에게 말했다.

"내가 그렇게 쉽게 넘겨줄 것 같아요? 자, 이번에는 세 번째 문제예요."

원원은 눈을 부라리며 다음과 같이 세 번째 문제를 냈다.

> 포대가 세 개 있는데, 첫 번째 포대에는 흰 공 99개와 검은 공 100개가 들어 있다. 두 번째 포대에는 모두 검은 공이 들어 있고, 세 번째 포대는 비어 있다.
> 1) 첫 번째 포대에서 공 두 개를 꺼내서 두 개가 같은 색이면 모두 세 번째 포대에 넣고, 동시에 두 번째 포대에서 검은 공 하나를 꺼내서 첫 번째 포대에 넣는다.
> 2) 첫 번째 포대에서 꺼낸 공 두 개의 색이 다르면 흰 공은 첫 번째 포대에 넣고 검은 공은 세 번째 포대에 넣는다.
> 이렇게 첫 번째 포대에서 공을 197번을 꺼냈다면 첫 번째 포대에는 공이 모두 몇 개가 들어 있고, 또 무슨 색일까?

"세 포대 안에 있는 공이 모두 뒤죽박죽 섞이고, 거의 200번이나 꺼내는데 이걸 어떻게 풀어?"

이번에는 소년도 어려워했다. 시간은 계속 흘러갔다. 소년은 칠판 가득 수식을 썼다 지우고, 포대를 그렸다 지우느라 이마에서 땀이 줄줄 흘러내렸다.

수학 경기에서 우승하다

정해진 5분이 지나서 결국 소년은 경기에서 지고 말았다.

"이번엔 내가 도전하지!"

어디선가 소리가 들리더니 방방이 무대로 뛰어 올라갔다.

"우선 매번 꺼내는 규칙을 찾아야 해. 첫 번째 포대에서 일단 공 두 개를 꺼내고, 공 색깔에 관계없이 첫 번째 포대에 다시 하나씩 집어넣으니까 한 번씩 꺼낼 때마다 첫 번째 포대의 공은 하나씩 줄어들어."

방방이 말했다.

"방방이 나이가 어리다고 우습게 여기면 안 되겠어. 분석하는 걸 보니 꽤 일리가 있는걸?"

샤오베이가 무대 아래에서 고개를 끄덕이며 말했다.

"첫 번째 포대에 공이 모두 199개 있었고 공을 197번 꺼냈으니, 결국 첫 번째 포대에는 공이 두 개밖에 남지 않았어."

방방은 계속해서 말했다. 그러자 원원은 숨 돌릴 틈도 주지 않고 방방에게 물었다.

"그럼 남은 두 공은 각각 무슨 색이지?"

"그게……."

방방은 잔뜩 긴장한 채로 말문이 막혔다. 얼굴도 붉어지기 시작했다.

"흰 공의 개수는 늘 두 개씩 줄어들어."

딩당은 차마 더는 볼 수가 없어 소곤대듯 방방에게 말했다.

"첫 번째 포대의 흰 공은 두 개씩 개수가 감소하는데 흰 공은 홀수 개가 있었으니까 남은 공 두 개 중 하나는 흰 공이야. 그러니 다른 하나는 검은 공이지."

똑똑한 사람은 한 마디만 가르쳐 줘도 쉽게 실마리를 찾는다. 방방은 곧바로 정답을 말했다.

"친구야, 잘 맞혔어. 이제 네가 우승자야."

원원은 방방에게 손을 흔들며 말했다. 말을 끝내고는 무대 아래로 훌쩍 뛰어내렸다.

"이제 제가 두 번째 우승자입니다. 그럼 첫 번째 문제를 낼게요. 옛날에 여왕이 있었어요. 어느 날, 많은 사람이 동시에 여왕에게 청혼을 해 오자 여왕은 자신이 낸 문제에 가장 빨리 대답하는 사람과 결혼하기로 했어요. 여왕의 문제는 바로 이거예요. '나한테 자두가 한 바구니 있는데, 이 바구니 안에 있는 자두의 반에 하나를 더해서 첫 번째 청혼자에게 주고, 남은 자두의 반에 하나를 더해서 두 번째 청혼자에게 주니, 자두가 하나도 남지 않았어요. 그럼 원래 바구니 안에 있던 자두는 모두 몇 개지요?'"

방방은 무대 아래를 향해서 말했다.

"문제 푸는 걸 몇 번 보니까 이제 좀 알겠어. 나, 이번 경기에 참가하고 싶은데, 그전에 먼저 물어볼 게 있어. 이 문제는 어디서부터 생각하면 좋을까?"

샤오베이가 딩당에게 물었다.

"어떤 문제들은 직접 따져 보는 게 더 간단할 수도 있어. 난 네가 반드시 성공할 거라고 믿는다!"

딩당이 말했다.

"그래, 네 말 한번 믿어 보지!"

샤오베이는 재빠르게 무대로 뛰어올랐다.

"이제 보니 손님이 참가하셨군요. 잘 부탁합니다."

샤오베이를 본 적이 있는 방방이 활기차게 말했다. 샤오베이는 이번에는 대충대충 하지 않고 차근차근 대답했다.

"문제에서 '남은 자두의 반에 하나를 더해 두 번째 청혼자에게 주었더니 자두가 하나도 남지 않았다.'라고 말한 것은 이 반이 바로 자두 한 개라는 것을 의미하는 거야. 첫 번째 청혼자가 자두를 가지고 간 뒤 남은 자두가 결국 두 개밖에 없으니까 남은 자두의 반이 바로 자두 한 개이고 하나를 더 보태서 두 번째 청혼자에게 자두 두 개를 준 거지. 이런, 두 번째 청혼자는 아주 비참한데? 한나절을 기다렸는데 겨우 자두 두 개라니!"

샤오베이가 이렇게 말하자 무대 아래의 관중은 배꼽을 잡으며 크게 웃었다. 샤오베이는 신이 나서 계속 말했다.

"자두 두 개에다 첫 번째 청혼자에게 더 나누어 준 자두 한 개를 더하면 모두 세 개야. 이 세 개가 전체 자두의 반이니까 처음에 바구니에 있던 자두는 모두 여섯 개지."

'이야! 샤오베이가 이 문제를 술술 풀다니 정말 놀라운걸.'

무대 아래에서는 박수가 쏟아졌고 딩당도 기뻐서 손바닥이 빨개지도록 손뼉을 쳤다. 샤오베이는 자신이 문제를 풀었다는 사실에 몹시 기뻐서 펄쩍펄쩍 뛰어올라 위에 걸려 있던 풍선을 머리로 힘껏 쳤다. 풍선이 높이 올라가자 더 큰 갈채가 쏟아졌다.

"아직 기뻐하기에는 일러요. 자, 그럼 이제 두 번째 문제 나갑니다."

방방이 말했다.

"왕, 주, 린, 가오. 이렇게 네 명은 같은 학교 학생이에요. 이 아이들이 길가에 세워진 차를 한 대 봤는데 번호판이 다섯 자리로 된 숫자였어요.

가장 어린 왕이 말했어요. '이 번호판의 가장 왼쪽 숫자는 0이고, 두 번째 숫자는 내 나이보다 많아.'

두 번째로 어린 주가 말했어요. '그건 연속된 홀수 네 개의 곱이야.'

그 다음으로 어린 린이 말했어요. '우리 네 사람의 나이를 모두 곱한 값이기도 해.'

가장 나이가 많은 가오가 말했어요. '우리 각자의 나이 차는 각자 이름의 획수 차이와 같아.'

그럼 문제를 낼게요. 이 차의 번호판 숫자는 무엇이고, 네 사람의 나이는 각각 몇 살인가요?"

샤오베이는 두 손을 비비며 말했다.

"이 문제는 좀 말이 안 돼. 한 문제에서 어떻게 숫자 다섯 개를 얻을 수 있어?"

샤오베이는 이리저리 왔다 갔다 하며 고민했지만, 좀처럼 방법을 생각해 내지 못했다. 시간은 다 되어 가고, 샤오베이는 어느새 꿀먹은 벙어리가 된 채 땀을 흘렸다.

'누가 빙글나라 아니랄까 봐 문제도 참 복잡하네!'

샤오베이가 더 이상 어쩔 도리가 없어 할 때, 익숙한 목소리가 들렸다.

"내가 맞혀 볼게."

샤오베이가 고개를 돌려 보니 딩당이 무대에 올라와 있었다. 구세주라도 만난 것처럼 샤오베이는 겨우 안심이 되었다. 딩당은 무대 아래를 향해 정중히 인사하고는 방방과 악수했다.

"차 번호판의 가장 왼쪽 숫자가 0이니까 실제로는 네 자리 숫자라고 생각해도 돼."

딩당이 이렇게 말하자, 샤오베이가 중간에 불쑥 끼어들어 참견을 했다.

"이게 뭔지 알아요? 바로 단순화입니다. 문제를 먼저 단순화해야 어려운 것을 간단하고 쉽게 만들 수 있어요."

"차 번호판의 숫자가 연속된 홀수 네 개를 곱한 값이니까 반드시 홀수야. 또 네 사람의 나이를 곱한 값이라고도 했으니까 네 사람의 나이도 모두 홀수야."

딩당은 계속 말했다.

"조심해야 해요. 한 사람이라도 나이가 짝수면 곱해도 반드시 짝수니까."

샤오베이가 또 끼어들어서 말했다.

"네 사람의 나이가 홀수일 뿐만 아니라 네 사람의 이름인 '왕(王)', '주(朱)', '린(林)', '가오(高)'는 획수가 각각 4, 6, 8, 10 이렇게 두 획씩 차이가 나니까 이 홀수 네 개도 반드시 연속된 홀수야."

딩당은 말했다.

"자, 여러분. 여기까지 왔으니 문제 풀이는 이제 시간문제입니다!"

샤오베이가 장단을 맞추듯이 말했다.

"야, 그러니까 우리 지금 꼭 만담*하는 것 같다."

딩당이 샤오베이를 향해 말했다.

"그렇지, 바로 수학 만담!"

샤오베이가 익살스러운 표정을 지으며 말했다.

"연속한 홀수 네 개의 곱한 값이 네 자리 숫자가 되는 경우는 $5 \times 7 \times 9 \times 11 = 3465$와 $7 \times 9 \times 11 \times 13 = 9009$밖에 없어. 그런데 왕이

만담 *
두 명의 이야기꾼이 재미있고 익살스럽게 어떤 주제를 놓고 비판이나 풍자를 섞어 이야기하는 것을 말한다.

> 연속된 네 홀수를
> 1부터 살펴보자.
>
> 1×3×5×7=105
> 3×5×7×9=945
> 5×7×9×11=3465
> 7×9×11×13=9009
> 9×11×13×15=19305

'두 번째 숫자는 내 나이보다 많아.'라고 말한 것을 보면, 차 번호판의 숫자는 3465는 아냐. 만일 그렇다면 왕의 나이가 세 살도 되지 않은 것이 되니까. 그래서 차 번호판의 숫자는 09009일 수밖에 없어."

딩당은 차근차근 설명하며 정답을 말했다.

샤오베이는 기회를 엿보다가 재빨리 말을 이었다.

"차 번호판의 숫자는 09009입니다. 왕은 일곱 살, 주는 아홉 살, 린은 열한 살, 가오는 열세 살입니다. 모두 즐겁게 환호해 주세요!"

딩당이 문제를 다 풀자 무대 아래의 관중은 흥분해서 박수를 치고 발을 구르며 환호했다.

"정말 롱후 시의 수학 올림피아드 1등을 할 만한 실력이네요. 소문대로 뛰어나군요. 이제 형이 새로운 우승자예요!"

방방은 옛날 중국 사람들이 축하할 때처럼 주먹을 쥔 한쪽 손을 다른 손으로 감싸며 감탄의 말을 내뱉었다. 말을 마치고는 무대 아래로 툭 뛰어내렸다.

"새로운 우승자는 문제를 내 주세요!"

무대 아래에서 사람들이 입을 모아 외치기 시작했다.

딩당은 오히려 당황해서 허둥댔다. 그리고 속으로 이 경기에 참가하지 말았어야 했다고 샤오베이를 원망했다. 하지만 한편으로 '여기까지 왔는데 원망해야 무슨 소용이 있어? 얼른 문제를 내자. 그것도 아주 절묘한 걸로.' 하고 생각했다.

'아, 그래!'

딩당은 좋은 생각이 떠오른 듯 엄지와 중지를 맞대어 튕겼다. 그러고는 트럼프를 하나 달라고 해서 2, 4, 6, 8, 10, Q(12를 대신한다.)와 조커(14를 대신한다.)까지 일곱 장을 꺼내더니, 빙빙 총리에게 건네주었다.

"두 사람이 필요한데, 어느 분이 저를 도와 이 문제를 함께 풀어 보시겠어요?"

딩당은 무대 아래를 향해 물었다.

"저요!"

"저요!"

방방과 키가 작고 뚱뚱한 샤오헤이가 무대 위로 뛰어올랐다. 딩당은 빙빙 총리에게 카드를 잘 섞게 한 뒤, 카드를 받아서 카드 뒷면이 위로 오게 탁자에 펼쳐 놓았다. 그러고는 방방과 샤오헤이에게 아무거나 두 장씩을 뽑아 그 숫자의 합이 얼마인지 말하게 했다. 딩당이 낸 문제는 바로 탁자에 남은 카드의 숫자를 먼저 알아맞히는 사람이 우승하는 것이었다.

각각 두 장씩 카드를 집어 든 세 사람 가운데 방방이 먼저 말했다.

"제 카드 숫자의 합은 12예요."

이번에는 샤오헤이가 말했다.

"제 카드의 숫자의 합은 10이에요."

마지막으로 딩당이 말했다.

"제 카드의 숫자의 합은 22예요."

그러자 성격이 급한 샤오헤이가 불쑥 말했다.

"내가 탁자 위에 남은 카드를 맞혀 볼게요. 8+4=12, 10+2=12니까 방방에게 있는 카드는 아마도 8과 4, 또는 10과 2……."

"맞아요. 8+2=10, 6+4=10이니까 샤오헤이의 손에 있는 카드는 아마도 8과 2 또는 6과 4일 거예요."

샤오헤이의 말이 끝나기도 전에 방방이 끼어들며 말했다.

"탁자에 있는 카드는 Q(12)예요."

두 사람이 아직 문제의 실마리도 풀지 못하고 있을 때 딩당이 웃으며 말했다. 샤오헤이가 뒤집어 보니 정말 Q였다.

"딩당, 어떻게 풀었죠?"

샤오헤이가 물었다.

"저는 풀지 않았어요."

딩당은 고개를 저으며 말했다.

"풀지 않고 어떻게 알아요?"

샤오헤이가 이해가 안 된다는 듯이 또 물었다.

"제 손에 있는 카드 두 장이 8과 조커(14)니까 탁자에 있는 카드는 반드시 Q(12)라고 생각했어요."

딩당이 자신만만하게 말했다.

"사실, 그거 찍은 거죠?"

샤오헤이가 못 믿겠다는 듯이 물었다.

"샤오헤이가 가진 카드의 숫자의 합이 10이니까 샤오헤이는 Q를 가지고 있을 리 없어요. 그리고 방방이 가진 카드의 숫자의 합도 12이니까 방방 역시 Q를 가지고 있지 않지요. 저한테도 없으니까 Q는 분명히 탁자 위에 있겠죠?"

딩당이 자신의 카드를 내보이며 말했다.

"정말 대단해요! 패배를 깨끗이 인정합니다. 그럼 두 번째 문제를 내 주세요."

샤오헤이가 엄지를 들어 올리며 말했다.

딩당은 샤오헤이에게 눈길을 주며 지름이 15센티미터인 동그란 종이와 가위를 꺼내서 다음 문제를 준비했다.

딩당, 멋진 쇼를 펼치다

"**누구든지** 이 가위로 이 동그란 종이를 잘라서 종이 원을 만들면 돼요. 어떻게 잘라도 상관없는데, 여러분이 이 종이 원을 뚫고 지나갈 수 있으면 됩니다. 단, 이 종이 원이 끊어지면 안 됩니다."

딩당이 지름이 15센티미터인 동그란 종이와 가위를 들어 보이며 말했다.

딩당이 문제를 내자 무대 아래서는 술렁이기 시작했다.

"문제는 참신한데, 계산이나 증명도 필요 없고 그냥 사람이 뚫고 지나가면 되는 거잖아?"

어떤 사람이 말했다.

"롱후 시의 수학 1등이 이런 서커스 같은 문제를 내다니!"

또 어떤 사람은 한심하다는 투로 말했다. 이때 원숭이처럼 민

첩하게 생긴 한 아이가 무대 위로 불쑥 뛰어오르며 말했다.

"제가 한번 해 볼게요."

무척 작고 마른 아이였다. 특히 머리가 아주 작고 나이는 대여섯 살 정도 되어 보였다. 아이는 종이를 받아서 가위로 중앙을 동그랗게 오려 내고는 작은 머리를 숙여 종이 원을 통과했다. 그러자 무대 아래에서 환호성이 터졌다.

"샤오부뎬, 이제 어깨만 뚫고 지나가면 이길 수 있어!"

어떤 사람이 큰 소리로 외쳤다.

샤오부뎬은 머리를 통과시키고 나서 두 어깨를 집어넣으려고 애를 썼지만 어깨에서 걸려 버렸다. 샤오부뎬이 아무리 어깨를 좁혀 봐도 종이 원을 통과할 수는 없었다. 사람들이 샤오부뎬에게 파이팅을 외치고, 샤오부뎬도 정말 힘을 내서 원을 통과하려고 했다. 샤오부뎬이 교묘한 방법으로 막 어깨를 원 안으로 집어넣으려는 순간, 종이 원은 찢어지고 말았다.

"아!"

무대 아래에서 안타까워하는 목소리가 들렸다.

샤오부뎬도 뚫지 못하자 다른 사람은 더욱 엄두도 내지 못했다. 얼마간의 시간이 흐르고, 무대 아래에서 누군가가 물었다.

"딩당, 당신은 할 수 있나요?"

딩당은 웃으며 말했다.

"더 이상 도전할 사람이 없으면 제가 보여 드리겠습니다."

무대 아래에서 성격이 급한 관중이 큰 소리로 외쳤다.

"아무도 도전하지 않아. 빨리 보여 줘! 보여 줘!"

딩당은 동그란 종이를 꺼내더니 가위로 달팽이 모양처럼 잘라내어 긴 종이 띠를 만들었다(그림의 실선 부분). 그러고는 종이 띠의 중앙을 따라 가위질을 했다(그림의 점선 부분). 가위질이 끝나자 두 손으로 종이 띠 양쪽을 잡아당겨 큰 종이 원을 만들더니, 침착하게 종이 원 가운데를 여유롭게 지나갔다. 그 순간, 무대 아래는 시끌벅적해졌다.

"아주 놀라운 방법인데, 어떻게 이 문제를 생각해 냈나?"

줄곧 경기를 지켜보던 빙빙 총리가 딩당에게 물었다.

"저는 옛날 신화에서 이 아이디어를 얻었어요. '디도'라는 공주가 고향을 떠나 북아프리카의 지중해 연안에 머물려고 했어요. 그곳의 두목은 아주 간사해서 공주에게 큰돈을 받고 기껏 소가죽 한 장으로 둘러쌀 수 있는 토지를 팔기로 했어요. 두목은 이렇게 억지를 부려서 디도 공주를 그곳에 살지 못하게 하려고 했지요. 그런데 어찌 된 영문인지 디도 공주는 선뜻 동의했어요. 그리고 나서 똑똑한 디도 공주는 소가죽을 아주 가느다란 가닥으로 자르고 가닥과 가닥을 이어서 무척 긴 소가죽 줄을 만들었지요. 마침내 소가죽으로 해안의 땅을 반원 모양으로 둘러쌌어요. 왜 반원이냐고요? 그렇게 둘러쌀 때 면적이 가장 크기 때문이에요. 이렇게 해서 공주는 결국 아주 넓은 토지를 얻고 카르타고 국가를 세웠어요. 이 이야기에서 힌트를 얻어 문제를 만들었어요."

"딩당, 재미있는 이야기 수학 문제를 하나 더 내 주세요. 저는 이런 문제가 아주 마음에 들어요."

딩당이 둘러보니 무대 아래에서 방방이 말한 것이었다.

"문제 하나 더 내 주세요. 우리 선생님은 수학 시간에 이런 문제는 여태껏 한 번도 안 내 주셨거든요."

원원도 소곤거리며 말했다.

"우리 선생님도 수학 시간에 재미있는 이야기를 해 주시지 않았어. 이건 다 책에서 본 거야. 좋아, 너희가 문제를 하나 더 내 달라고 했으니 다시 하나 내 보지."

딩당은 잠깐 생각하고는 이야기를 시작했다.

옛날에 큰 나라가 있었어요. 이 나라는 젊고 똑똑한 국왕이 다스리고 있었는데, 국왕의 이름은 '아이수'였어요. 아이수 왕은 이웃 나라의 아름다운 공주를 사랑하게 되어서 하루는 신하들과 함께 휘황찬란한 예물을 가지고 청혼하러 갔어요. 공주는 아이수 왕이 온 이유를 듣고 왕에게 쪽지 한 장을 건네주었어요. 쪽지에는 이렇게 쓰여 있었지요.

"듣자하니 당신은 수학을 아주 좋아해서 아이수(愛數)라고 이름을 붙였

던데, 여기 여덟 자리 수의 소인수*를 모두 찾아내 보세요. 3일 안에 하나도 빠짐없이 모두 찾아내면 저는 당신과 결혼하겠어요. 하지만 하나라도 틀리면 더 이상 청혼하러 오실 필요 없어요."

아이수 왕이 쪽지를 꺼내 보니 95859659라는 숫자가 쓰여 있었어요. 왕은 미소를 지으며 마음속으로 생각했죠.

'어려울 것 없지. 3일까지 쓸 필요가 있을까? 잠깐이면 소인수를 전부 찾아낼 수 있을 거야.'

하지만 예의에 어긋나지 않게 3일 안에 답을 해 주겠다고 대답했어요.

아이수 왕은 귀국하자마자 그날 밤부터 소인수를 찾기 시작했어요.

'먼저 3으로 나눠 보자. 이런, 안 되네? 나누어떨어지지 않는구나.'

또 7로도 나누어 봤어요.

'오! 나누어떨어지는군. 나누니 몫이 13694237이구나.'

소인수 7을 찾은 아이수 왕은 무척 기뻐했어요. 또 13694237을 3, 7, 11, 13…… 등 많은 소수로 나누어 보았는데 나누어떨어지지가 않았어요. 왕은 마음이 점점 다급해졌어요. 게다가 마음이 급할수록 자꾸만 실수를 저질렀지요. 종이를 한 무더기나 썼지만 아이수 왕은 두 번째 소인수를 찾지 못했어요. 그러는 사이에 이틀이 훌쩍 지나가 버리자 아이수 왕은 결국

소인수 *

우선 소수는 '1보다 큰 정수 P가 1과 P 자신 이외의 양의 약수를 가지지 않을 때의 P'를 뜻한다. 예를 들어 2는 1×2, 3은 1×3, 5는 1×5……이다. 2, 3, 5와 같이 자신과 1만을 약수로 가지는 수가 소수다. 하지만 12는 2×6, 4×3, 2×2×3 등으로 나타낼 수 있다. 여기서 1, 2, 3, 4, 6, 12는 12의 약수이고, 이 중 소수인 약수 2, 3을 소인수라 한다.

머릿속이 온통 뒤죽박죽되고 말았어요. 숫자를 완전히 거꾸로 외울 정도로 마음이 조급해진 왕은 궁 안을 이리저리 왔다 갔다 했어요.

그때 대신 공환석이 아이수 왕을 찾아왔어요. 왕이 몹시 고민하는 모습을 본 대신은 공주가 낸 문제를 이해하고 왕을 향해 미소 지었어요.

아이수 왕이 언짢은 기색으로 말했어요.

"평소에 내가 대신들에게 야박하게 하지 않았거늘 내가 이렇게 어려움을 겪고 있는데, 그대들은 수수방관만 하는구려. 흥!"

그러고는 몸을 돌려 화가 난 모습으로 왕좌에 앉았어요.

"왕이시여, 조급해하지 마십시오! 이 수의 모든 소인수를 찾는 것은 아주 쉽습니다. 사실 왕께서 이리도 힘을 빼실 필요가 없습니다."

공환석이 태연하게 왕에게 말했어요.

"무슨 좋은 방법이 있는가?"

아이수 왕은 얼른 공환석의 손을 힘껏 잡으며 물었어요.

"폐하, 우리나라에 학식 있는 사람이 얼마나 되는지 아십니까?"

공환석이 왕에게 물었어요.

"5,000만 명은 넘을 거요."

그러자 공환석이 말했어요.

"그럼 이 문제는 쉽게 풀 수 있습니다."

딩당은 여기까지 말하고 갑자기 물었다.

"공환석은 어떤 기묘한 방법으로 짧은 시간에 모든 소인수를 찾았을까요? 아시는 분 있나요?"

무대 아래의 사람들은 쥐죽은 듯이 조용해졌다. 그러다 몰래 소곤소곤 서로 속삭이며 이야기해 보았지만, 이 문제에 대답하려고 일어난 사람은 한 명도 없었다.

방방은 궁금함을 더는 참을 수 없어 큰 소리로 말했다.

"우리는 모두 풀 수 없으니까 빨리 답을 알려 주세요, 딩당!"

"좋아요."

딩당은 공환석의 기묘한 풀이 방법을 말하기 시작했다.

공환석은 전국의 지식인 5,000만 명을 5개 집단군으로 나누어 0부터 4까지 번호를 붙이도록 했어요. 그러면 각 집단군에는 1,000만 명이 있게 되지요. 이어서 각 집단군을 10개 군으로 나누어 0부터 9까지 번호를 붙였어요. 그리고 다시 각 군을 10개 사로 나누어 0부터 9까지 번호를 붙였어요. 계속 이렇게 여, 단, 영, 배, 반으로 나누었어요.

이러면 지식이 있는 사람은 고정된 번호가 있는 집단군인 군, 사, 여, 단, 영, 배, 반에 속하게 돼요. 이 번호들을 순서대로 적으면 그것이 바로 그 사람의 번호가 되지요. 예를 들어 한 사람이 1집단군 3군 5사 4여 0단 9영 7배 5반에 편성되었다면 이 사람의 번호는 13540975가 되는 거예요. 지식인 5,000만 명에게 이렇게 모두 번호를 붙이면 00000000에서부터 49999999까지 각 숫자가 한 사람의 번호와 대응하죠.

그러고 나서 대신 공환석은 아이수 왕에게 공주가 적어 준 여덟 자리 수 95859659를 사람들에게 알려 주었어요. 그리고 각 지식인에게 자신의 번호로 이 여덟 자리 수를 나누어서 나누어떨어지고 또 자신이 소수이면 국왕에게 보고하게 했어요.

얼마 지나지 않아 네 명이 보고하러 왔어요. 이 네 사람의 번호는 각각 1, 7, 3433, 3989였어요. 공환석이 왕에게 말했어요.

"구해 낸 7, 3433, 3989까지 모두 세 개의 소인수가 있습니다. 폐하, 만약 혼자 계산하시려 했다면 수천 번, 수만 번을 나누어야 했을 것입니다. 그러나 5,000만 명이 나누면 한 명이 한 번씩만 계산해도 답을 얻을 수 있으니 어느 쪽이 시간을 아끼고 어느 쪽이 시간을 낭비하는 것이겠습니까? 폐하, 한 번에 정리되지 않으셨습니까?"

이렇게 해서 모든 소인수를 찾아낸 아이수 왕은 공주와 결혼했답니다.

딩당의 이야기가 끝나자 무대 아래에서는 뜨거운 박수가 쏟아졌다. 빙빙 총리가 무대로 올라와 직접 딩당에게 상을 주었다. 그리고 원원이 무대로 뛰어 올라와 딩당의 목에 꽃을 걸어 주었다. 샤오베이도 옆에서 기뻐하며 입을 다물지 못했다.

"우리 빙글나라는 수학을 매우 중요하게 생각하는 나라야. 우리는 현재 중등 수학을 초등학교로, 대학 수학을 중등학교로 내려보내 테스트를 하고 있지. 그런데 아직 한 가지 문제를 해결하지 못했어."

빙빙 총리가 딩당의 손을 잡아당기며 말했다.

"무슨 문제인데요?"

샤오베이가 옆에서 끼어들며 물었다.

"학생들이 배우는 지식이 많아지기는 했지만 오히려 흥미를 잃어버렸어. 수학은 여전히 대다수 학생이 지루해하고, 재미가 없다고 생각해. 그런데 딩당이 제시한 두 문제는 아주 재미가 있군. 딩당 군, 앞으로 우리를 많이 도와주었으면 좋겠네."

"아니에요. 저희는 이 나라에 배우러 온 걸요. 빙빙 총리님이 많은 수학 지식을 가르쳐 주세요."

딩당은 겸손하게 말했다.

"글쎄……. 아, 우리 빙글나라에는 아주 유명한 수학궁이 있는데, 그곳에 한번 가 보게. 그곳은 유쾌하기도 하고 위험하기도 하지. 수학의 기본이 잘 닦여 있고 침착하며 어려움과 위험을 두려워하지 않는 사람만이 들어갈 수 있지. 수학궁에서 많은 수학 지식을 얻을 수 있을 거야."

빙빙 총리는 잠깐 머뭇거리다가 말했다.

"좋아요! 저희도 수학궁에 가 보고 싶어요. 수학궁은 어디에 있나요?"

딩당과 샤오베이는 기뻐하며 입을 모아 말했다.

"저기 금빛으로 반짝이는 궁전이 바로 수학궁이네."

빙빙 총리는 손가락으로 앞쪽을 가리키며 말했다. 딩당은 빙빙 총리에게 작별 인사를 하고, 샤오베이와 손을 맞잡고 수학궁으로 걸어갔다.

딩당과 샤오베이, 납치되다

딩당과 샤오베이는 빙빙 총리가 가르쳐 준 수학궁에 가서 수학의 비밀을 깊이 파헤쳐 보기로 했다. 둘은 길을 따라 성큼성큼 걸었다. 샤오베이는 신이 나서 껑충껑충 뛰어오르며 걸었다. 그리고 "Go, Go, Go! 올레! 올레! 올레!" 하며 계속 노래를 불렀다.

"야, 딩당! 너 이번 경기에서 진짜로 대단했어! 빙글나라 사람들 머릿속을 완전히 뒤죽박죽이 되게 했잖아! 난 지금까지 수학은 재미없다고 생각했는데, 이제 보니 생각할수록 재미있더라. 수학은 정말 대단한 것 같아."

"난 그냥 수학 이야기 두 개를 말해 줬을 뿐인걸."

딩당은 겸손하게 대답했다. 딩당의 말이 끝나기가 무섭게 갑자기 키 큰 미루나무 뒤에서 가면을 쓴 두 사람이 나타났다.

"움직이지 마! 손들엇!"

그 사람들은 큰 소리로 외치며 총을 겨누었다.

"뭐야, 빙글나라에도 강도가 있는 거야?"

딩당과 샤오베이는 서로 흘깃 쳐다보고는 천천히 두 손을 들었다. 가면을 쓴 두 사람은 딩당과 샤오베이의 뒤쪽으로 가서 딩당의 등허리에 총구를 들이대고 말했다.

"앞으로 가!"

딩당이 앞에서 적당한 속도로 걸어가고, 샤오베이가 그 뒤를 바짝 뒤따라갔다.

어느새 삼거리에 다다르니 길에 수학궁 이정표가 보였다. 그런데 가면을 쓴 사람은 딩당에게 반대쪽으로 가라고 지시했다. 다시 사거리에 도착하자 또 왼쪽으로 가라고 했다. 그리고 연

달아 세 번을 오른쪽 길로 가서 돌로 된 방 앞에 이르렀다. 돌방은 창문이 하나도 없고 철문만 달려 있었다. 가면을 쓴 사람 중 한 명이 문을 열고 딩당과 샤오베이를 밀어 넣었다. 그러고는 자물쇠로 문을 잠갔다.

샤오베이는 겁이 나 두 손으로 문을 잡고 온 힘을 다해 흔들기 시작했다.

"우린 빙빙 총리님의 초대를 받고 온 손님이에요. 어떻게 이렇게 무례할 수가 있어요!"

샤오베이가 가면을 쓴 사람에게 씩씩대며 소리쳤다. 그러나 가면을 쓴 두 사람은 뒤도 돌아보지 않고 가 버렸다.

"이리 와서 얼른 우리를 꺼내 줘요!"

샤오베이는 더욱더 큰 소리로 외쳤다.

"소리 질러도 소용없어. 이미 멀리 갔을 거야."

그때 딩당이 샤오베이 옆에서 말했다.

"우린 이제 망했어. 이렇게 갇혀 버렸으니 수학궁에는 가지도 못할 거야."

샤오베이는 철문에 기대서서 실의에 빠진 목소리로 말했다.

"뭐 볼 게 있다고 그래? 여긴 텅 비어서 의자도 없는걸."

딩당이 아무 말 없이 방 안을 이리저리 훑어보자 샤오베이가 말했다.

한참을 훑어보던 딩당은 문에 걸린 자물쇠를 보고 갑자기 눈이 커졌다. 그리고 작은 목소리로 샤오베이에게 말했다.

"샤오베이! 이거 봐. 비밀번호 여섯 자리를 누르면 열리는 자물쇠야."

"비밀번호를 모르면 열려고 해도 열 수가 없잖아!"

샤오베이는 손으로 자물쇠를 돌리며 고개를 저었다.

그때 갑자기 머리 위쪽이 밝아졌다. 둘은 고개를 들어 천장을 쳐다보았다. 천장의 지붕 창이 열리면서 햇빛이 방 안으로 들어왔다. 그리고 종이쪽지 하나가 날아들더니 곧바로 지붕 창이 닫혔다. 쪽지가 땅에 떨어지기도 전에 샤오베이가 날쌔게 낚아챘다. 쪽지에는 이렇게 쓰여 있었다.

> 자물쇠의 비밀번호는 $abcdef$이다. 이 숫자 6개는 모두 다르고, $b \times d = b$, $b + d = c$, $c \times c = a$, $a \times d + f = e + d$가 성립한다.

"이건 누가 우리를 구해 주려고 보낸 걸 거야."

딩당이 말했다.

"이왕 구해 줄 거면 그냥 구해 줄 것이지, 이게 뭐야? 머리를 써서 계산을 해야 하잖아. 이렇게 수식이 한 무더기인데 숫자 하나도 모르고 어떻게 계산하란 말이야?"

딩당의 말에 샤오베이는 고개를 저으며 대꾸했다.

"너 또 시작이구나. 진지하게 문제를 분석해 보지도 않고 왜 풀 수 없다는 생각부터 하니? 자, 불평만 하지 말고 우리 둘이 같이 풀어 보자."

딩당은 샤오베이에게 이렇게 말하더니 쪽지를 몇 번이나 읽어 보았다.

"어때? 풀 방법이 있겠어?"

샤오베이가 옆에서 초조해하며 물었다.

"세 번째 식이 $c \times c = a$인 걸로 봐서 a는 분명히 제곱수*야. 0에서 9까지 숫자 10개 중에 0, 1, 4, 9가 제곱수인데 a는 0일 리가 없어. 그러면 c가 0이 되어서 a와 c가 같아지거든. 쪽지에는 6개 숫자가 모두 다르다고 했으니까 이 경우는 조건에 맞지 않아. 마찬가지로 a는 1일 수도 없어. 그래서 a는 4 아니면 9야. 따라서 c도 2 아니면 3이야."

제곱수 *
어떤 수를 제곱하여 얻은 수. 1, 4, 9, 16, 25 등이 있다.

딩당의 명쾌한 분석을 듣고 샤오베이도 문제 풀이에 흥미를 느끼기 시작했다.

"$b \times d = b$이니까 d는 분명히 1이겠네."

딩당은 샤오베이의 어깨를 두드리며 말했다.

"맞아! 잘했어!"

딩당의 격려를 들은 샤오베이는 자신감이 생기기 시작했다.

샤오베이는 두 번째 수식을 가리키며 말했다.

"d가 1이니까 b+d=c인 걸 생각하면 c가 b보다 1이 더 크구나."

샤오베이는 여기까지 말하고는 몹시 기뻐하며 펄쩍펄쩍 뛰었다.

"계속 풀어 봐."

딩당은 샤오베이를 잡아당기며 말했다.

"난 더 이상은 못하겠는데."

샤오베이는 그다음 식을 보고 머리를 긁적이며 말했다.

"방금 c가 2나 3이라고 했고, d가 1이고 c가 b보다 1이 크니까 b=2고, c=3이야."

딩당이 말했다.

"왜?"

샤오베이는 머릿속이 복잡해졌다.

"잘 봐. c는 2가 될 수가 없어. 만약에 2라면 b는 반드시 1이야. 그런데 d가 이미 1이니까 b하고 같아지잖아. 그래서 b는 2이고, c는 3일 수밖에 없어."

딩당이 말했다.

"c=3이면 a는 9구나. 나머지도 빨리 계산해 봐!"

샤오베이가 두 손을 마주치며 말했다.

"a×d+f=e+d이니까 분명히 f=0이고 e=8일 거야. 와! 알았다!

그러니까 abcdef=923180이야. 빨리 자물쇠를 열어 보자!"

딩당은 마지막 수식을 가리키며 말했다. 샤오베이는 말을 마치기가 무섭게 자물쇠 번호를 눌렀다. 923180을 누르니 '찰칵' 소리가 나며 자물쇠가 열렸다. 샤오베이는 문을 열고 딩당과 함께 돌방을 빠져나왔다.

밖에는 아무도 없었다. 샤오베이는 사방을 둘러보더니 땅바닥에 주저앉았다.

"왜 안 가?"

딩당이 물었다.

"가면 쓴 사람들이 우리를 왼쪽으로, 오른쪽으로 계속 돌아가게 해서 머릿속이 엉망진창이 됐어. 방을 나오긴 했지만 어디로 가야 할지 모르겠어."

샤오베이는 풀이 죽어서 말했다.

"그 두 사람이 어디서 튀어나왔는지 너 기억해?"

샤오베이가 딩당에게 물었다.

"물론이지, 큰 미루나무 뒤에서 나왔잖아. 바로 저 미루나무야."

딩당은 그리 멀지 않은 곳에 있는 큰 미루나무를 손가락으로 가리키며 말했다.

"말도 안 돼. 큰 미루나무가 이렇게 많은데 어떻게 저 나무라고 확신할 수 있어?"

샤오베이는 딩당의 말을
믿지 못했다.

딩당은 땅에 쪼그리고 앉
아 그림을 그리기 시작했다.

"가면 쓴 사람은 우리더러
처음에 A 지점에서 북쪽으
로 가라고 했어. 나는 머릿

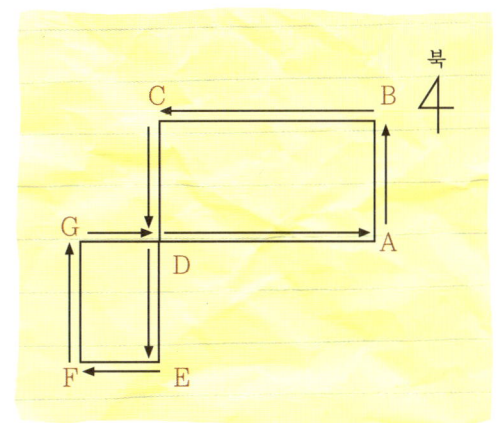

속으로 몇 걸음인지 세었는데, 모
두 257걸음을 걸어서 B 지점에 도착했어. 그리고 처음 왼쪽으
로 돌아서 417걸음 만에 C 지점에 왔어. 두 번째로 왼쪽으로
돌아서는 또 257걸음에 D 지점에 왔어. 그림에서 보면 D가 A
지점에서 정확히 서쪽으로 417걸음 떨어진 곳인 걸 알 수 있을
거야."

딩당이 그린 그림을 쳐다보며 샤오베이는 머리를 끄덕이며
말했다.

"음, 네가 여기까지 올 때 왜 아무 말도 안 하나 했더니 걸으
면서 속으로 걸음 수를 세고 있었구나."

딩당은 이어서 말했다.

"D 지점에서 멈추지 않고 계속 앞으로 199걸음 만에 E 지점
에 왔어. 처음으로 오른쪽으로 돌아서 100걸음에 F 지점에 도
착해서 두 번째로 오른쪽으로 돌아서 199걸음에 G 지점까지,

마지막 세 번째로 오른쪽으로 돌아서 517걸음에 A 지점으로 다시 돌아왔어."

샤오베이는 머리를 긁적이며 말했다.

"귀신이 곡할 노릇이네. 두 바퀴를 돌아서 A 지점으로 다시 돌아오다니. 그럼 우린 이제 어떻게 하지?"

딩당은 자신 있게 말했다.

"우리가 큰 미루나무에서 북쪽으로 곧장 가면 수학궁에 갈 수 있을 거야."

두 사람은 살금살금 큰 미루나무 아래로 왔다. 샤오베이가 주변을 자세히 살펴보니, 아니나 다를까 역시 아까 납치된 바로 그곳이었다. 샤오베이는 엄지를 치켜세우며 말했다.

"딩당, 걸음걸이를 이렇게 정확하게 세다니 정말 대단해! 우리 이제 가자."

샤오베이의 말에 딩당은 고개를 저으며 말했다.

"방금 일어난 일을 교훈 삼아서 이번에는 우리 따로 떨어져서 걷자. 내가 앞에 가고 네가 뒤에서 일정한 거리를 유지하면서 가는 거야. 그러면 나쁜 사람을 만나도 같이 잡히는 일은 없을 테니까."

맞장구를 치며 샤오베이가 말했다.

"좋은 생각이야."

그래서 딩당은 앞에, 샤오베이는 뒤에서 약 200미터 간격을 유지하며 걸었다.

딩당은 샤오베이가 걱정되어서 걸으면서 계속 뒤쪽을 돌아보았다. 삼거리에 도착하자 딩당은 오른쪽으로 걸어가며 샤오베이에게 오른쪽으로 꺾으라고 손짓했다. 샤오베이는 딩당을 향해 웃으며 머리를 끄덕였다.

그런데 딩당이 오른쪽으로 길을 꺾은 지 얼마 되지 않았을 때였다. 뒤에서 "뺑! 뺑!" 하는 소리가 두 번 들렸다. 딩당이 오던 길을 되돌아서 삼거리까지 달려가 보니 샤오베이가 없어졌다.

'또 납치를 당했나?'

딩당은 황급히 온 길을 따라 돌아가며 샤오베이를 찾기 시작했다. 딩당은 걸으면서도 계속 샤오베이의 이름을 불렀지만 샤오베이의 그림자도 보이지 않았다.

딩당은 걸음을 멈추고 땅바닥에 난 발자국을 자세히 살펴보았다. 잠시 후 길가로 나 있는 발자국을 발견했다. 샤오베이는 늘 운동화를 신고 다녔다. 분명 발자국은 샤오베이의 운동화 발자국이었다.

'그런데 샤오베이는 혼자 뭘 하러 간 것일까? "뺑! 뺑!" 두 번의 소리는 뭐지?'

축구 지능 경기는
또 뭐야?

딩당은 샤오베이의 발자국을 따라 걸어가며 계속 샤오베이를 찾았다. 얼마쯤 가자 축구장이 나타났다. 축구장 주변에서 많은 사람들이 샤오베이가 공을 차며 이리저리 뛰어다니는 모습을 보고 있었다.

"이런 축구 광팬을 봤나. 어떻게 수학궁까지 반도 못 갔는데 중간에 공을 차러 오냐!"

딩당은 샤오베이를 원망하며 재빨리 샤오베이를 불렀다.

"나 여기서 축구 지능 경기 중이야!"

이마의 땀을 닦은 샤오베이는 입을 크게 벌린 채 시종일관 즐거워하고 있었다.

"축구 지능 경기라고?"

딩당이 물었다.

"내가 네 뒤를 따라서 걷는데 갑자기 '뻥' 소리가 나더니 축구공이 날아와서 내 발 앞에 떨어지지 뭐야. 그래서 내가 '뻥' 하고 공을 차서 돌려보내 줬지. 그랬더니 곧 방방이 뛰어와서 내가 공을 잘 차니까 축구 지능 경기에 꼭 참가해야 한다고 붙잡고 놔 주지를 않아서, 여기로 왔어."

샤오베이가 설명했다. 마침 방방이 축구공을 안고 달려왔다.

"어, 딩당 형! 형도 축구 지능 경기에 참가하려고요? 환영해요. 공 하나 드릴게요."

그러고는 바로 딩당에게 축구공을 주었다.

"어떻게 하는 건데?"

딩당은 공을 받으며 물었다.

"이 하프 코트는 골문과 함께 온통 격자무늬인데, 흑백의 칸 24개로 나뉘어 있어요. 경기 규칙은 가장 오른쪽의 검은 격자로 공을 몰고 축구장에 들어와서 각 격자무늬를 한 번씩만 지나 마지막으로 가장 왼쪽에 있는 검은 격자로 나오는 거예요. 공을 몰 때는 직선으로만 갈 수 있고 대각선으로는 갈 수 없어요. 누구든지 할 수만 있으면 이기는 거예요."

방방은 축구장을 가리키며 말했다.

"내가 먼저 해 볼게."

샤오베이는 이렇게 말하더니 가장 오른쪽의 검은 격자로 공을 몰아 축구장으로 들어갔다. 그러고는 익숙한 솜씨로 공을 몰며 축구장을 'ㄹ'자 형태로 지나갔다. 그런데 막 절반을 갔을 때, 샤오베이는 더 이상 전진할 수 없었다!

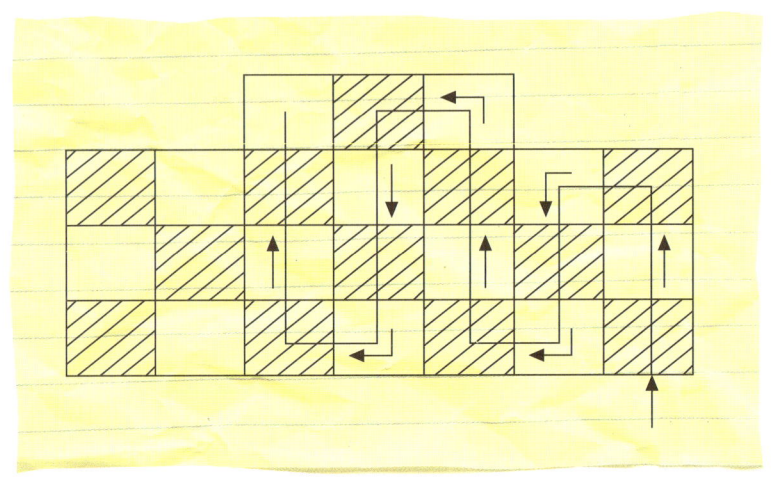

"형도 한번 해 보세요."

방방이 딩당에게 말했다. 딩당은 바로 움직이지 않고 축구장을 바라보며 열심히 생각했다. 샤오베이는 여전히 공을 몰고 축구장을 이리저리 뛰어다니면서 한편으로는 시험해 보고 한편으로는 축구를 즐기고 있었다.

"샤오베이, 이제 시험할 필요 없어. 이 축구장에는 원래 갈 수 있는 길이 없어."

갑자기 딩당이 외쳤다. 딩당의 말에 축구장에 있는 모든 사람들이 놀랐다.

"형은 해 보지 않고서 어떻게 길이 없다고 쉽게 단정할 수 있죠?"

방방이 물었다.

"수학이 내게 가르쳐 줬어. 잘 봐. 검은 격자는 모두 흰 격자와 이어져 있어. 반대로 말하면 흰 격자의 이웃은 모두 검은 격자야. 대각선으로 갈 수 없으니까 가장 오른쪽의 검은 격자로 들어가면 두 번째 격자는 분명히 흰색이고 세 번째 격자는 반드시 검은색이어야 해. 어쨌든 들어가서 홀수 번째 격자는 반드시 검은색이고, 짝수 번째 격자는 반드시 흰색이야. 내 말이 맞지?"

딩당이 웃으며 말했다.

"그래, 맞아."

경기장 안의 사람들이 모두 딩당의 설명에 동의했다.

딩당은 이어서 말했다.

"내가 세어 보니까 검은 격자, 흰 격자가 각각 12개, 모두 24개의 격자가 있어. 24는 짝수니까 내 설명에 따르면 짝수 번째 격자가 흰색일 때만 막힘없이 통과할 가능성이 있어. 그런데 여기 24번째, 그러니까 마지막 격자는 검은색이야. 그래서 가능한 길이 없다는 거야."

모두 딩당의 말에 일리가 있다고 느꼈다.

"그럼 길이 생기도록 고쳐 줄 수 있어요?"

방방이 재빨리 물었다.

딩당은 잠시 생각하고는 말했다.

"할 수 있지. 흰 격자 하나를 잘 없애면 길이 생겨."

딩당은 골문 안쪽의 흰 격자를 없애고, 가장 오른쪽의 검은 격자로 공을 몰고 들어가서 가로로 가다가 방향을 바꾸어 돌아갔다. 딩당도 발재간이 좋아서 단숨에 축구장을 다 돌고는 마지막으로 가장 왼쪽의 검은 격자로 공을 몰고 나왔다.

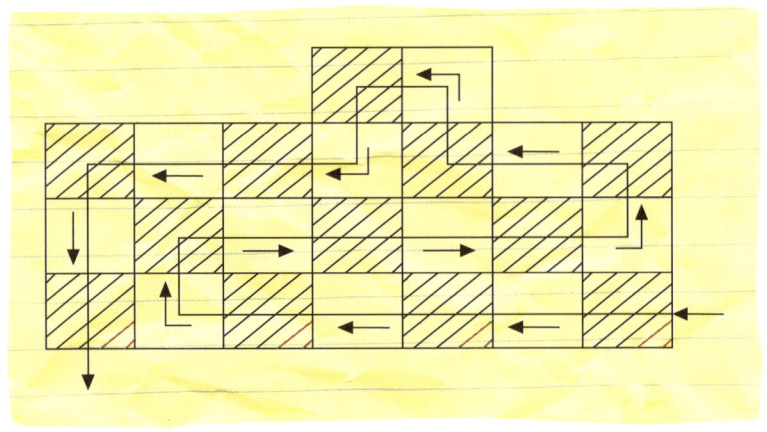

축구장의 모든 관중이 계속 박수를 보내고 샤오베이도 잘한다고 외쳤다.

"우린 이제 가자!"

딩당은 이마의 땀을 닦고 샤오베이에게 말했다. 샤오베이는 공을 보면 반드시 축구를 해야 하는 성격이라 딩당을 졸랐다.

"축구 경기 한 번만 하고 가자!"

축구 경기란 말이 들리자 축구장에 있던 사람들도 어서 축구 경기를 하라고 웅성거렸다.

"넌 정말, 방법이 없구나. 우린 지금 수학궁에 가야 하는데 도중에 축구를 하면 어떡해!"

딩당이 샤오베이에게 말했다.

"알았어. 딩당, 딱 10분만 차자."

샤오베이가 대답했다. 방방은 축구장 안의 사람들을 두 팀으로 나누었다. 딩당과 샤오베이는 같은 팀이 되었고, 방방은 다른 팀에서 골문을 지켰다. 딩당은 중앙 수비수를 맡고 샤오베이는 공격수를 맡았다. 둘은 서로 호흡이 잘 맞아서 10분도 채 안 되어 샤오베이가 헤딩으로 세 골이나 터뜨렸다. 딩당도 롱 슛으로 골을 넣어 점수 차는 4대 0이 되었다.

"이제 안 할래요. 계속하면 난 이제 '구멍'이 될 것 같아요. 샤오베이 형의 기술은 정말 대단해요!"

방방이 두 손을 휘저으며 외쳤다. 샤오베이는 칭찬을 듣고 기분이 좋아서 입이 헤벌쭉해졌다.

"혹시 여기도 강도가 있니?"

딩당은 방방을 한쪽으로 끌어당기며 물었다. 그러고는 자신과 샤오베이가 납치되었던 일을 쭉 설명했다.

"강도가 있냐고요? 형 물건을 훔치기라도 했어요? 우리 빙글 나라 사람들은 다 장난을 좋아해서 아마 누군가가 가면을 쓰고 형들을 놀린 걸 거예요."

방방이 '피식' 하고 웃으며 말했다.

"장난이라고?"

이렇게 말하며 딩당은 속으로 생각했다.

'아니, 뭐 이런 장난도 있어?'

방방은 어느새 샤오베이에게 달라붙어서 축구의 기본기를 가르쳐 달라고 졸랐다. 샤오베이는 흔쾌히 가르쳐 주었다. 샤오

베이는 먼저 패스와 볼 트래핑 하는 방법을 가르쳐 준 다음 방방을 데리고 벽 쪽으로 갔다. 샤오베이가 벽을 향해 공을 차자 공이 방방의 발아래로 튕겨 나왔다. 방방도 벽을 향해 공을 차 보았지만 샤오베이의 발아래로 공이 튕기지 않았다. 방방은 샤오베이에게 어떤 원리냐고 물어보았다.

"벽의 적당한 위치로 공을 차는 게 중요해. 경험을 쌓아서 터득해야 하지."

"그럼 전 경험이 없어서 공을 잘 찰 수 없겠네요? 저 속이려 하지 마세요. 딩당 형에게 물어볼 거예요."

방방은 딩당에게 달려갔다.

"수학 문제를 풀려면 딩당을 찾아야겠지만, 공을 차려면 역시 나를 찾아야지!"

샤오베이가 웃으며 말했다.

"누가 우리를 납치했었는지, 천장에서 힌트가 적힌 쪽지를 던져 준 것이 누군지 말해 주면 내가 샤오베이보다 정확하게 공 차는 방법을 알려 줄게."

방방이 딩당에게 다가와 묻자 딩당은 농담을 섞어서 말했다.

"좋아요! 정확하게 공을 찰 수만 있으면 반드시 알려 드릴게요."

방방은 두말없이 약속했다.

딩당은 방방에게 긴 줄과 짧은 막대기 두 개를 가져와 나무를 각각 두 지점에 고정하고 그 두 막대기에 줄의 양쪽 끝을 묶게 했다. 그 줄을 팽팽하게 당기고, 딩당은 땅바닥에 크게 곡선을 그렸다. 그러고는 방방과 함께 벽돌을 많이 가져와서 바닥에 그려 놓은 곡선을 따라 벽돌 면이 곡선 안쪽을 향하도록 곡선 바깥쪽에 벽을 쌓아 올렸다.

"공 차는 방법은 안 가르쳐 주고 벽은 쌓아서 뭐 하게요?"

방방은 알 수 없는 딩당의 행동에 어리둥절해하며 물었다. 딩당은 손에 묻은 흙을 털어 내며 방방에게 귓속말을 했다. 방방은 딩당의 말을 듣고는 펄쩍 뛰어오르더니 곧바로 샤오베이를 찾으러 갔다.

"역시 딩당 형은 기본 실력이 탄탄해요. 몇 번 연습하지도 않았는데 벌써 샤오베이 형의 수준을 넘어서니 말이에요!"

방방은 가슴을 쭉 펴고 샤오베이에게 말했다.

"그럴 리 없어. 내가 이렇게 정확하게 공을 찰 수 있는 건 절대 하루 이틀 사이에 된 게 아니야. 아주 오랜 시간 동안 연습해서 터득한 거라고."

샤오베이는 고개를 저으며 말했다.

"제가 형보다 정확하게 찰 수 있어요. 못 믿겠으면 우리 시합해요."

방방은 고개를 옆으로 기울이며 말했다.

"그래, 한번 해 보자."

샤오베이는 방방 정도는 우습다는 듯이 말했다.

방방이 제안한 시합은 이렇다. 각자 공을 10번 차서 누가 더 정확한지 보는 것이다.

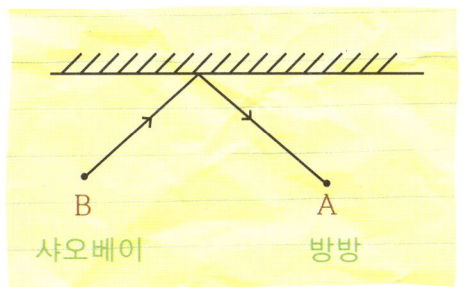

샤오베이는 원래의 벽을 마주 보고 찼다. 10번 차서 7번 정도가 방방의 발아래로 튕겨 돌아왔다. 이제 방방이 찰 차례였다. 방방은 평면인 직선형 벽에 공을 차는 것은 진짜 실력이 아니니 타원형 벽을 향해 차겠다고 했다. 샤오베이는 속으로 방방이 정말 멍청하다고 생각했다.

방방과 샤오베이는 방금 쌓아 올린 타원형 벽 앞에 섰다. 방방은 A 지점에 서고, 샤오베이는 B 지점에 섰다.

방방이 다리를 들어 공을 차자 공은 타원형 벽에 튕겨서 정확하게 샤오베이의 발아래로 떨어졌다. 샤오베이

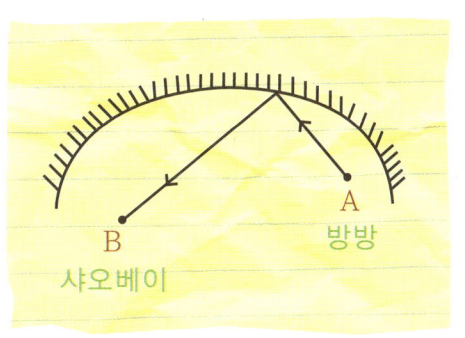

가 놀란 눈으로 방방을 쳐다보니 방방이 회심의 미소를 지어 보였다. 두 번째는 더 놀라웠다. 방방은 일부러 비뚤게 고개를 한쪽으로 기울이고 대충 공을 찼다. 벽에 부딪혀 튕겨 나온 공은 또다시 정확하게 샤오베이의 발아래로 굴러갔다. 세 번째는

정말로 놀라웠다. 방방이 벽을 등지고 서서 발뒤꿈치로 있는 힘을 다해서 공을 찼는데 벽에 부딪힌 공은 이번에도 샤오베이의 발 앞으로 굴러갔다. 방방이 찬 공은 10번 모두 벽에 튕겨서 샤오베이의 발아래로 굴러갔다. 정말 놀라웠다.

샤오베이는 놀라서 잠시 얼이 빠졌지만, 곧 그 공에 무슨 문제가 있는 것은 아닌지 의심했다. 공을 들고 있는 힘을 다해 흔들어 봐도 안에서는 아무 소리도 나지 않았다. 또 손으로 공을 받치고 무게를 재 봤는데 무게도 적합했다. 이게 도대체 어떻게 된 일일까?

샤오베이는 결과를 인정할 수 없어서 자기도 타원형 벽에 공을 10번 차 보겠다고 했다. 방방도 "좋아요!" 하고 대답했다. 그런데 방방은 샤오베이가 자신에게 신경 쓰지 않는 틈을 타 오른쪽으로 A' 지점까지 몰래 두 걸음을 옮겼다. 샤오베이가

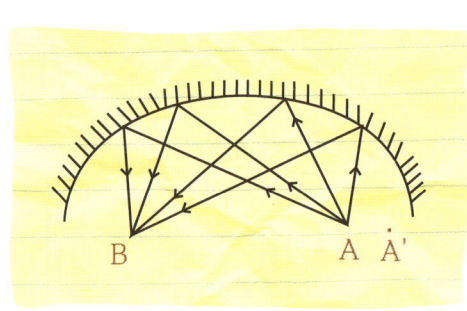

온 신경을 집중해 솜씨를 부리며 공을 찼지만, 10번 모두 방방의 발아래로 공을 보내는 데 실패했다. 샤오베이도 바보는 아니었다.

곰곰이 생각해 보니, 이건 딩당의 머릿속에서 나온 것이라고 생각하고 딩당에게 물었다.

"딩당! 너 무슨 수를 쓴 거야? 기어코 내가 방방에게 지게 하다니."

"내가 타원형 벽을 세웠거든. 타원은 중요한 성질이 있어. 한 초점 A에서 타원을 향해 공을 차면 그 공은 타원형 벽에 부딪히고 튕겨 나가서 반드시 다른 초점 B로 굴러가게 돼. 방금 너와 방방이 각각 그 초점에 서 있었기 때문에 방방이 어떻게 공을 차든 공이 매번 네 발 쪽으로 굴러간 거야."

딩당이 웃으며 말했다.

"그럼 내가 찰 때는 왜 그렇게 되지 않았지?"

샤오베이가 갸우뚱거리며 물었다.

"방방이 네가 보지 못한 틈을 타서 오른쪽으로 두 걸음 옮겼어. 초점을 벗어났으니 공은 당연히 방방의 발아래로 굴러갈 리 없지."

딩당이 웃음을 참으며 말했다.

"넌 왜 방방을 도와서 날 놀리는 거야?"

샤오베이는 화를 내며 물었다.

"비록 네가 공차기에서 지긴 했지만, 그 대신 방방이 나한테 좋은 정보를 줬어. 아까 우리가 갇혔을 때 천장에서 쪽지를 던진 게 누군지 말해 줬거든."

딩당이 작은 목소리로 말했다.

"누군데?"

샤오베이가 눈을 동그랗게 뜨며 물었다.

"원원이야. 방방이 그러는데, 원원이 줄곧 우리를 몰래 보호하고 있었대."

"그럼 가면 쓴 두 사람은 누구야?"

"그건 방방도 잘 모른대."

딩당은 고개를 저으며 말했다.

"아, 그럼 원원은 분명히 알겠지? 우리, 원원을 찾아서 물어보자."

샤오베이가 눈을 돌리며 말했다.

"그래!"

딩당과 샤오베이는 원원을 찾으려고 주변을 둘러보았다.

덫에 걸려들다

한참을 둘러보던 딩당과 샤오베이는 축구장을 막 벗어나려는 원원을 발견했다. 딩당이 후다닥 달려가 원원을 붙잡고서 가면을 쓴 두 사람이 누구냐고 원원에게 꼬치꼬치 캐물었다. 원원은 딩당의 귀에 대고 두 사람의 이름을 말했다. 딩당이 듣고는 미간을 찌푸렸다.

샤오베이는 대체 누구인지 알고 싶어 발을 동동 굴렀다. 원원은 딩당과 샤오베이를 한쪽으로 끌고 가서 말했다.

"제가 자세히 말씀드릴게요. 수학 경기할 때 경기에 진 형 기억하세요?"

"기억하지. 네가 낸 세 번째 문제에서 졌잖아."

샤오베이는 고개를 끄덕이며 말했다.

"류진이라는 형인데, 승부욕이 무척 강해요. 수학 경기에서 딩당 형이 어려운 문제를 내서 모두 당황하게 했을 때 류진은 그걸 인정하지 않았어요. 그래서 무대 아래에서 샤오부뎬이랑 같이 형들에게 쓴맛을 보여 주겠다고 몰래 계획을 짰어요."

"샤오부뎬? 종이 원 뚫기를 했던 그 샤오부뎬 말이야?"

샤오베이는 의아해하며 물었다.

"맞아요! 걔가 작고 말라 보인다고 우습게 여기면 안 돼요. 나쁜 꾀를 얼마나 많이 낸다고요! 그 둘이 궁리한 꾀를 듣고 나니 제가 가만히 있을 수가 있어야죠. 그래서 몰래 형들을 보호하고 있었어요. 그 사람들이 가면을 쓰고 가짜 총을 멘 채 형들을 돌방에 데려가서 가두는 걸 보고, 제가 지붕으로 올라가서 창문을 열고 쪽지를 넣은 거예요."

원원이 눈을 동그랗게 뜨며 말했다.

"우릴 구해 줘서 정말 고마워."

딩당이 원원의 손을 잡고 말했다.

"두고보자. 샤오부뎬, 류진! 이 녀석들을 꼭 찾아서 결판을 내고 말 거야!"

샤오베이는 두 주먹을 불끈 쥐고 몹시 화를 내며 말했다. 딩당은 샤오베이에게 일을 더 크게 만들지 않도록 타일렀다. 그때 원원이 딩당에게 충고했다.

"류진과 샤오부뎬은 분명히 또 형들을 귀찮게 할 거예요."

딩당과 샤오베이는 원원과 헤어진 뒤, 수학궁을 향해 계속 걸어갔다. 길을 가다 딩당은 샤오베이에게 제발 다시는 한눈팔지 말라고 타일렀다. 그러나 샤오베이는 들은 체도 하지 않고 오히려 의기양양해하며 이렇게 말했다.

"내가 공을 차러 가지 않았으면 방방도 못 만나고, 또 누가 우리를 자꾸 방해하는지도 알아낼 수 없었을 거잖아."

그때 갑자기 작고 마른 듯한 사람의 그림자가 앞에 나타났다. 샤오베이는 손가락으로 앞쪽을 가리키며 큰 소리로 외쳤다.

"샤오부뎬이야! 빨리 잡아!"

그러더니 말을 끝내기가 무섭게 쏜살같이 달려갔다. 딩당도 뒤를 쫓아가며 말했다.

"샤오베이, 천천히 좀 가! 도대체 누구를 본 거야?"

"아이 참, 샤오부뎬이라고. 틀림없어!"

샤오베이는 더 빨리 뛰었다.

앞에 작은 오솔길이 나타나자 샤오베이는 그 길을 따라 계속 쫓아갔다. 삼거리에 이르렀을 때였다. 샤오베이의 오른쪽에서 사람 그림자가 스쳤다. 샤오베이는 재빨리 오른쪽으로 쫓아갔다. 다시 사거리에 도착했을 때였다. 이번에는 샤오베이의 왼쪽에서 사람 그림자가 나타나 왼쪽으로 쫓아갔다. 그림자를 쫓느라 온몸에 땀이 흘러내렸지만 결국 놓치고 말았다.

샤오베이는 땅에 털썩 주저앉아 이마에 흐르는 땀을 손등으로 훔치며 말했다.

"달리기를 못 하는 편도 아닌데, 어떻게 죽을힘을 다해 달려도 샤오부뎬 하나 못 따라잡지?"

딩당은 고개를 숙이고 잠시 고민하더니 무릎을 치며 말했다.

"이런! 이제 보니 우리가 샤오부뎬한테 속았어!"

"속았다고?"

샤오베이가 황급히 어떻게 된 거냐고 물었다.

"샤오부뎬이 우리를 꾀어서 오른쪽으로 한 번 돌고 왼쪽으로 한 번 돌게 하면서 방향 감각을 잃게 만든 거야. 어떻게 왔던 길로 되돌아가지?"

"아, 그렇구나! 샤오부뎬, 이 나쁜 녀석! 우리 둘 다 속았으니 이제 어떻게 하지? 원원이 또 우릴 구하러 올까?"

샤오베이의 물음에 딩당은 고개를 저었다. 하늘이 점차 어두워지고, 샤오베이의 배에서는 꼬르륵 소리가 났다.

'이렇게 계속 앉아서 기다릴 수만은 없어! 하지만 아무런 목적지도 없이 무작정 걸어가면 왔던 곳에서 점점 멀어져서 되돌아가고 싶어도 돌아가지 못할 수가 있어.'

딩당은 골똘히 생각에 잠겼다.

두 사람이 어쩔 줄을 몰라 난감해하고 있을 때였다. 어딘가에서 '툭' 하고 소리가 나더니 딩당의 발 앞에 작은 종이 뭉치가 떨어졌다. 딩당이 뭉치를 들어서 펴 보자, 동그라미 9개가 그려져 있고 그 옆에는 설명이 있었다.

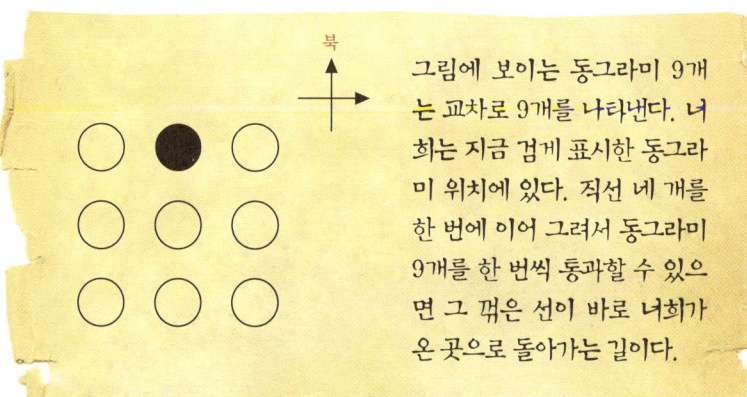

샤오베이가 종이를 받아서 보고는 기뻐하며 말했다.

"이것도 틀림없이 원원이 우리를 구해 주려고 하는 걸 거야. 내가 한번 그려 볼게."

샤오베이는 펜으로 그림을 그리기 시작했다. 하지만 아무리 그려 봐도 원하는 대로 직선을 이어 그릴 수가 없었다. 샤오베이가 계속 그림을 그려 대서 종이는 벌써 너덜너덜해졌다.

샤오베이는 종이를 딩당의 손에 다시 쥐어 주며 말했다.

"정말 어렵네. 에이, 난 못 그리겠다. 네가 한번 해 봐."

딩당이 종이를 살펴보니 종이는 이미 새까매져서 새 종이에다 그려야 할 판이었다. 딩당은 침착하게 동그라미들 위에 직선을 그렸다. 그리고 그림을 들고 왼쪽, 오른쪽으로 돌려 보았다. 그러다 그림을 왼쪽으로 45° 정도 돌리고는 자세히 살펴보더니 마침내 직선 네 개를 이어 그렸다.

샤오베이는 기뻐서 손뼉을 치며 말했다.

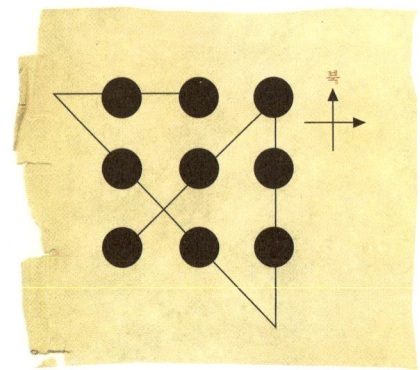

"맞아! 바로 이렇게 그리는 거였어. 지도의 규칙에 따르면 위가 북쪽, 아래가 남쪽, 왼쪽이 서쪽, 오른쪽이 동쪽이니 먼저 서쪽으로 가자."

샤오베이는 딩당을 끌고 서쪽으로 갔다. 둘은 교차로를 지나 앞으로 쭉 걸어갔다. 딩당은 걸으면서도 계속 남동쪽을 돌아보았다.

"왜 자꾸 돌아보고 그래? 설마 누가 우릴 쫓아오는 거야?"

샤오베이가 물었다.

"아니. 우리가 어디서 길을 돌아야 하는지 찾는 거야."

딩당이 말했다.

"길을 돈다고?"

"그림에서 보면 방향을 바꿔야 하는 데는 교차로가 아니야. 그리고 특별한 표시도 없어. 계속 남동쪽을 보다가 두 교차로가 한눈에 보이는 지점이 바로 방향을 바꿔야 하는 곳이야!"

샤오베이는 앞으로 몇 걸음 가더니 큰 소리로 외쳤다.

"딩당! 빨리 와 봐! 여기서 두 교차로가 한눈에 보여."

딩당이 달려가서 보니 과연 두 교차로가 한눈에 보였다. 딩당과 샤오베이는 중간마다 딩당이 손으로 가리키는 방향으로 걸어가며 교차로 두 개를 지났다. 그때 딩당은 걸으면서 계속 북쪽을 쳐다보았는데, 이번에는 동시에 교차로 세 개가 보이는 지점을 찾고 있었다. 그 지점이 나타나자 딩당과 샤오베이는 북쪽으로 방향을 돌렸다. 세 번째 교차로까지 걸어가서는 다시 남서쪽으로 향했다. 그리고 두 번째 교차로까지 걸어가서는 걸음을 멈췄다.

날은 이미 어두워졌다. 딩당과 샤오베이가 교차로에 선 채 이리저리 둘러보았지만 주변이 무척 낯설게 느껴졌다. 수학궁으로 통하는 길 같지가 않았다.

"엥? 뭔가 좀 이상한데?"

샤오베이가 머리를 만지며 말했다.

"이런, 큰일이다! 우리가 또 샤오부뎬한테 속은 거야!"

딩당은 발을 동동 구르며 말했다.

"어떻게 또 속았다는 거야?"

샤오베이가 놀라서 물었다.

"우린 계속해서 샤오부뎬을 쫓아왔지만 원원의 그림자는 보지 못했어. 그러니까 아까 그 쪽지를 남긴 사람이 원원이 아닐지도 몰라."

딩당은 눈앞에 닥친 상황을 분석했다.

"그럼 쪽지는 누가 보낸 걸까?"

샤오베이가 불안해하며 물었다.

"분명 샤오부뎬이야. 우리를 함정에 빠뜨리려는 걸 거야."

딩당은 분을 참지 못하며 말했다.

"샤오부뎬이 어떤 함정을 만들었을까?"

샤오베이는 걱정이 되었다. 이제는 날이 완전히 어두워져서 주위는 온통 고요하고 황량했다. 딩당과 샤오베이는 어둠 속에서 말없이 그냥 서 있었다. 한 사람은 배가 고파서 죽을 지경이었고, 또 한 사람은 어떻게 이곳을 벗어날지 궁리를 하느라 말이 없었다. 갑자기 가까이에서 스산한 울음소리가 들렸다.

"앗! 늑대 소리 아냐?"

샤오베이가 온몸을 벌벌 떨며 말했다.

"늑대가 정말로 있으면 어떻게 하지?"

늑대를 무서워하는 샤오베이는 잔뜩 긴장한 채로 물었다.

딩당은 샤오베이에게 손짓으로 아무 소리도 내지 말라고 신호를 보냈다. 딩당은 귀를 기울여 늑대의 울음소리를 들었다. 늑대의 울음소리는 점점 더 가까워졌······.

딩당이 귓속말을 하자 샤오베이는 고개를 계속 저었다. 딩당이 참을성 있게 샤오베이에게 다시 한 번 말하자 샤오베이는 어쩔 수 없다는 듯이 얼굴을 찡그렸다. 가까운 곳에서 두 번이나 울부짖는 소리가 들렸다. 샤오베이는 놀라서 고래고래 소리를 지르며 후다닥 달아났다.

"딩당, 빨리 도망쳐! 늑대야!"

샤오베이가 멀리 달아나자, 길가의 나무숲에서 작은 그림자가 나타났다. 그림자는 두 손으로 입을 막고 늑대 울음소리를 내고 있었다.

"엄마야! 빨리 달아나!"

멀리서 샤오베이가 울먹이며 외치는 소리가 들려왔다.

"하하하."

그림자는 한바탕 웃고는 말했다.

"딩당이 어쩌고 샤오베이가 어쩌고 하더니, 늑대 울음소리 몇 번에 놀라서 어쩔 줄을 모르다니, 하하……."

그림자가 말을 마치기도 전에 누군가가 그림자의 뒷덜미를 붙잡았다!

"샤오부뎬, 늑대 울음소리를 참 비슷하게 잘 내더구나!"

딩당이 오른손으로 샤오부뎬의 목을 잡았다.

"딩당 형, 용서해 주세요. 다음부터 안 그럴게요."

샤오부뎬이 애처롭게 부탁하며 말했다.

"샤오부뎬! 이번엔 어디로 또 도망가나 보자."

샤오베이가 씩씩거리며 달려와 주먹으로 샤오부뎬을 치려고 하자 딩당이 재빨리 막아섰다. 샤오베이는 왼손을 허리에 걸치고 오른손으로 샤오부뎬을 가리키며 물었다.

"대체 우리가 네게 무슨 잘못을 했기에 계속 이러는 거야?"

"저한테는 잘못한 것 없어요."

샤오부뎬은 조금 긴장한 기색으로 어물어물 말했다.

"그럼 우릴 왜 돌방에 가둔 거야? 늑대 울음소리는 또 뭐고?"

그 말에 샤오베이가 화를 내며 큰 소리로 말했다.

"겁내지 말고 천천히 말해 봐."

딩당은 마음을 가라앉히고 말했다.

"지난번에 딩당 형이 수학 경기에서 이겨서 우리는 형의 기본 실력이 탄탄하고, 아는 것도 많고, 머리가 아주 총명한 것에 무척 감탄했어요. 하지만……."

샤오부뎬은 목을 만지며 말했다.

"하지만 뭐?"

그러자 샤오베이가 다시 물었다.

"우리는 딩당 형이 실제 문제도 잘 푸는지는 아직 몰라요. 그래서 저와 류진은 형들이 수학궁으로 가는 길에 어려운 문제를 내서 시험해 보고 싶었어요."

샤오부뎬이 말했다.

"그래 시험은 끝났니?"

딩당이 물었다.

"제 시험은 다 끝났어요. 그런데 형들이 수학궁에는 가지 않았으면 좋겠어요. 거긴 그렇게 재미있는 곳도 아니고 안에 기계 장치랑 함정이 많아서 잘못하면 갇힐 수도 있거든요."

샤오부뎬이 고개를 끄덕이며 말했다.

"그건 두렵지 않아. 우린 충분히 마음의 준비가 되어 있다고."

딩당은 웃으며 말했다. 샤오부뎬은 미안하다는 뜻으로 딩당과 샤오베이에게 식사와 잠자리를 제공해 주었다.

수학궁을 그냥 구경만 하다

이튿날, 딩당과 샤오베이는 아침 일찍 길을 나서서 곧장 수학궁으로 향했다. 걸으면서도 혹시나 류진이 방해할까 봐 경계를 늦추지 않았다. 다행히 딩당과 샤오베이가 수학궁까지 가는 동안 어떤 난관도 나타나지 않았다.

축구장 두 개 정도의 크기만 한 수학궁은 무척 호화스러웠다. 중심 건물은 10층이고 황금색 원형 지붕으로 덮여 있어서 햇빛에 반짝반짝 빛났다. 1층과 2층 사이에는 네온사인으로 '수학궁' 세 글자가 매달려 있었다. 주변은 건물들이 하나하나 이어져서 단지를 이루었다. 중심 건물은 대문이 굳게 닫혀 있었고, 주위는 인적도 없이 조용했다.

"이렇게 큰 수학궁에 어째서 사람이 한 명도 안 보이지? 정말 이상한걸."

샤오베이가 작은 목소리로 딩당에게 말했다.

"샤오부뎬이 이미 말했잖아. 여기는 절대 재미있는 데가 아니라고. 수학궁에 들어가려면 수학 실력과 용기가 있어야 해. 자, 문 앞으로 가 보자."

딩당은 이렇게 말하고 샤오베이를 이끌고 혹시 지뢰 같은 것은 없는지 살피며 조심조심 앞으로 걸어갔다. 대문 앞에 간신히 도착하여 샤오베이가 손으로 밀어 보았지만, 대문은 꿈쩍도 하지 않았다.

"우리가 너무 일찍 왔나 봐. 아직 문도 안 열었네!"

샤오베이가 혼잣말로 말했다.

"수학궁은 전부 컴퓨터로 제어된다고 들었어. 아마 들어가는 문에서부터 하나씩 시험을 통과해야 하는 것 같아."

딩당이 고개를 저으며 말했다. 그러고는 계속해서 문을 자세하게 관찰했다.

"문만 계속 쳐다 봐서 뭐해? 보면 문이 열리기라도 해?"

샤오베이는 참지 못하고 말했다.

딩당은 샤오베이의 말에 아랑곳하지 않고 계속 문을 관찰했다. 그러더니 갑자기 소리쳤다.

"샤오베이, 이리 와 봐. 여기 버튼이 10개 있어."

샤오베이가 달려가서 보니 문틀 바깥쪽에 위에서 아래로 버튼 10개가 있었다. 버튼에는 0부터 9까지 10개의 숫자가 쓰여 있었다.

"어느 버튼을 눌러야 문이 열리지?"

샤오베이가 갸우뚱거리며 물었다. 딩당도 버튼들을 보면서 멍하니 서 있었다. 샤오베이는 기다리지 못하고 손가락을 내밀어 무턱대고 0 버튼을 건드렸다. 안쪽에서 감미로운 음악이 울리더니 두 사람의 머리 위쪽에서 종이쪽지가 팔랑거리며 떨어졌다.

쪽지에는 다음과 같이 쓰여 있었다.

> 수학궁에 들어가려면 아래의 동그라미 아홉 개 안에 1부터 9까지의 숫자를 써 넣으세요. 주의할 점은 피승수(곱해지는 수)가 승수(곱하는 수)보다 크다는 것과 아홉 개의 숫자는 중복해서 쓸 수 없다는 것입니다. 그리고 왼쪽부터 오른쪽의 순서대로 대응하는 버튼을 누르면 문이 자동으로 열릴 것입니다.
>
> ○○○×○○=○○×○○=5568

"동그라미를 다 채우려면 운에 맡겨야겠네. 잘만 하면 바로 숫자를 알아맞힐 수도 있어."

샤오베이가 쪽지를 쭉 훑어보고는 말했다.

"이건 운에 맡기면 안 돼. 수학적으로 생각해서 풀어야지."

딩당은 고개를 저으며 말했다.

"어떻게 해야 하는데?"

샤오베이가 재촉하듯 딩당에게 물었다.

"소인수 분해(정수를 소수들의 곱으로 표현하는 방법)를 이용해서 5568을 약수의 곱으로 표현해 봐."

딩당이 말했다.

"그건 쉽지."

이렇게 말하더니 샤오베이는 연필과 종이를 꺼내 쓰기 시작했다.

"다했어. 이제 어떻게 하지?"

샤오베이가 딩당을 쳐다보며 물었다.

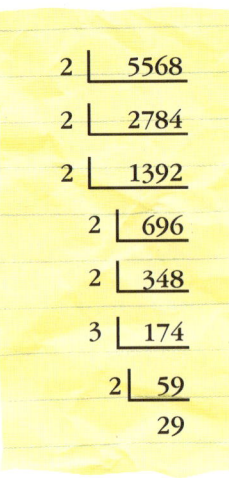

"5568을 분해된 소수들의 곱으로 표시해야 해."

딩당이 이어서 써 내려갔다.

$5568 = 29 \times (3 \times 2^6) = 29 \times 192$.

"이 식은 안 되겠다."

딩당이 고개를 절레절레 흔들며 말했다.

"왜 안 돼?"

"29×192에는 2와 9가 두 개니까 같은 숫자가 반복돼."

딩당은 또 이어서 써 내려갔다.

$5568 = (29 \times 2) \times (3 \times 2^5) = 58 \times 96$

$= 96 \times 58$.

"이 식은 숫자가 중복되지 않아서 괜찮겠다."

샤오베이가 말했다.

"좋아하기는 아직 일러."

딩당은 또 이어서 분해를 했다.

$5568 = (29 \times 2 \times 3) \times 2^5$

$= 174 \times 32$.

"됐다! 이 두 곱셈 표기에서는 중복되는 숫자가 없어."

샤오베이가 눈을 빛내며 기뻐했다. 말을 마치고는 965817432를 순서대로 대응해 가며 숫자 버튼을 눌렀다. 샤오베이가 마지막 버튼을 누르는 순간, 버튼에서 갑자기 전류가 흘러 샤오베이를 멀리 날려 보냈다.

"아얏!"

샤오베이는 비명을 지르며 땅바닥으로 떨어졌다.

"아주 무시무시한데. 감전이 돼서 온몸이 찌릿해."

샤오베이가 땅바닥에 주저앉아 울상을 지으며 말했다.

"어때? 이젠 좀 괜찮아?"

딩당이 재빨리 샤오베이를 부축하며 물었다.

"괜찮아. 그런데 왜 이러지? 버튼을 제대로 눌렀는데, 너 혹시 계산이 틀린 거 아니야?"

샤오베이는 허리와 다리를 움직여 보며 말했다.

"계산은 안 틀렸어. 네가 잘못 누른 거야. 이 쪽지에 나온 배열 순서를 잘 봐."

샤오베이는 쪽지를 다시 보았다. 쪽지에는 '○○○×○○=○○×○○=5568'이라고 분명히 쓰여 있었다. 그런데 샤오베이는 그와 반대로 '○○×○○=○○○×○○=5568'의 순서로 누른 것이었다. 딩당이 다시 174329658의 순서로 버튼을 누르자 감미로운 음악이 잠시 들리더니 수학궁의 큰 대문이 천천히 열리기 시작했다.

"문이 열렸어!"

샤오베이는 기뻐서 깡충깡충 뛰었다. 그리고 딩당을 잡고 바람처럼 수학궁으로 들어갔다.

수학궁의 안은 무척 아름다웠다. 큰 문으로 들어가자 바로 로비가 나왔는데, 바닥에는 붉은 대리석이 깔려 있고 천장에는 정교한 수정등이 달려 있었다. 수정등은 온갖 빛깔로 바뀌며 반짝이고 있어서 신비한 느낌이 들었다.

"이거 참 특이한데? 딩당, 이리 와 봐. 여기 바닥의 타일에 점이 무척 많아."

갑자기 샤오베이가 바닥을 가리키며 말했다. 딩당이 머리를 숙여 보니 수정등의 빛이 바닥을 비출 때마다 정말 타일 위에 개수가 다른 점들이 드러났다.

"이 점들은 도대체 무슨 뜻일까?"

딩당은 고개를 갸웃거리며 말했다.

"잘 모르겠어. 자세히 관찰해야겠는걸?"

딩당은 연필과 수첩을 꺼내 들고 바닥을 관찰하며 뭔가 적기 시작했다. 잠시 뒤, 샤오베이가 머리를 들이밀고 보니 딩당의 수첩에는 그림이 하나 그려져 있었다.

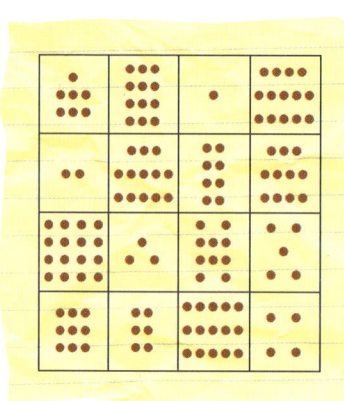

"이게 뭐야?"

"4차 마방진*이야. 아라비아 숫자로 바꿔서 써 보면 좀 더 빨리 이해할 수 있을 거야."

딩당은 그림을 하나 더 그리고, 점의 개수만큼 숫자를 써 넣었다.

"마방진? 선생님이 이건 안 가르쳐 주셨는데?"

"교과서에는 없어. 나도 다른 수학책에서 본 거야."

"나도 좀 가르쳐 줘."

샤오베이는 마방진에 흥미를 느끼고 딩당에게 말했다.

"이 마방진의 가로와 세로로 대각선의 숫자 4개를 각각 더하면 합이 모두 34가 돼. 이 수를 마방진 상수라고 불러."

딩당이 말했다.

"여기 로비에 모양이 다른 문이 두 개인데, 어디로 들어가야 할까?"

샤오베이는 딩당의 말이 끝나자 로비를 한 바퀴 돌며 딩당에게 물었다.

"좀 더 살펴보자."

딩당이 대답했다.

7	12	1	14
2	13	8	11
16	3	10	5
9	6	15	4

마방진 *
자연수를 정사각형 모양으로 나열해 놓은 것이다. 각 숫자들을 가로로 더하든, 세로로 더하든, 대각선으로 더하든 합이 전부 같다.

첫 번째 문은 직사각형으로 가로 문틀에 2가 쓰여 있고 세로 문틀에는 17이 쓰여 있었다.

"이게 무슨 뜻이지?"

샤오베이는 잘 이해할 수 없었다. 딩당이 보기에도 무슨 뜻인지 몰라 그저 미간을 찌푸릴 뿐이었다.

'한 숫자는 2고 다른 숫자는 17, 도대체 무슨 뜻이지? 비밀번호? 아니면 암호인가?'

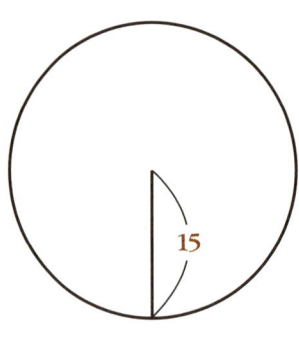

두 번째 문은 원형이고 반지름이 15라고 쓰여 있었다. 샤오베이는 더 기다리지 못하고 바로 원형 문을 밀고 안으로 들어갔다. 딩당은 샤오베이를 미처 잡지 못해서 그 문으로 따라 들어갈 수밖에 없었다. 문은 쾅 소리를 내며 저절로 닫혀 버렸다.

원형 문은 화원으로 통했는데, 녹음이 우거지고 구부러진 작은 오솔길이 숲으로 이어졌다. 오솔길 양쪽에는 다채로운 색깔의 꽃들이 피어 있고 나뭇가지 위에서 아름다운 새들이 노래를 불렀다.

"수학궁은 경치가 참 아름답다."

샤오베이가 꽃들의 향기를 깊이 들이마시며 말했다. 두 사람은 오솔길을 걸으며 이야기를 나누었다.

"우리, 원형 문으로 들어가지 말고 직사각형 문으로 들어갔어야 해."

딩당이 말했다.

"왜?"

"바닥에 마방진이 괜히 있던 게 아닐 거야. 생각해 보니까 원형 문은 둘레나 면적이 모두 4차 마방진의 상수인 34와 관계가 없어. 직사각형의 면적만 34야."

샤오베이는 딩당의 말을 믿지 않았다.

"원형 문으로 들어왔지만 그래도 수학궁에 들어온 것은 맞잖아."

그때 딩당과 샤오베이는 멀리 10층짜리 건물과 황금색의 지붕이 햇빛을 받아 빛나는 것을 발견했다. '수학궁'이라는 네온사인 세 글자가 뚜렷이 보였다.

"앗, 이게 어떻게 된 일이지? 우리가 수학궁에서 밖으로 나와 버린 거야?"

샤오베이가 깜짝 놀라서 말했다.

수학궁에 들어가기 정말 어렵네!

딩당과 샤오베이는 간신히 수학궁에 들어갔는데 샤오베이가 성급하게 원형 문으로 들어가는 바람에 어느새 옆문으로 빠져나오게 된 것이었다.

"이런, 우리가 또 수학궁을 돌아 나와 버렸네."

샤오베이는 실망해서 말했다.

"너무 실망하지 마. 돌아 나왔다면 또다시 돌아 들어가면 되지 뭐."

딩당이 웃으며 말했다.

"그러지 뭐! 빙글나라에서 열심히 빙글빙글 돌아보자."

딩당과 샤오베이는 서로 마주 보며 웃고는 다시 대문 앞에 도착했다.

"딩당, 너 아까 문 열 때 번호 기억해?"

딩당이 고개를 젓자 샤오베이는 다시 말했다.

"그럼 다시 계산하는 수밖에 없네."

수학궁의 문을 열려면 먼저 숫자 버튼을 눌러야 했다. 샤오베이는 입구에서 오른손으로 '0' 버튼을 눌렀다. 그리고 귀를 기울이며 안에서 감미로운 음악이 들려오고 위에서 종이쪽지가 내려오기를 기다렸다.

그런데 어쩐 일인지 음악 소리가 들려오지 않고 이번에는 '둥! 둥!' 하는 큰 소리가 먼 데서부터 들리더니 점점 가까워졌다. 무슨 일인지 어리둥절해하고 있는데 갑자기 대문이 확 열리더니 안에서 거대한 로봇이 걸어 나왔다. 로봇이 걸음을 옮길 때마다 '둥!' 하는 소리가 크게 울렸다.

"무슨 일로 나를 찾았지?"

로봇이 샤오베이에게 말했다.

"제가 찾았다고요? 아니요. 그런 적 없어요. 저희는 수학궁에 들어가고 싶은데, 들어가는 번호를 잊어버렸을 뿐이에요."

샤오베이는 무서움에 덜덜 떨며 대답했다.

"수학궁에 들어가는 번호는 계속 바뀌어서 한 번 사용한 번호는 다시 사용할 수 없어!"

로봇이 말했다.

"그럼 이번에는 번호를 어디서 찾나요?"

샤오베이가 조심스럽게 물었다.

"번호는 내 가슴에 있지."

말을 마친 로봇은 가슴의 덮개를 열어 보였다. 안에는 붉은 등이 10개 있는데, 어떤 것은 불이 들어오고 어떤 것은 불이 들어오지 않았다.

"만일 내 가슴의 번호를 알아내면 너희는 안전하게 궁에 들어갈 수 있어. 하지만 번호를 알아내지 못하거나 잘못 말하면 바깥으로 내던질 거야."

로봇이 말했다. 그러고는 샤오베이를 잡으려고 커다란 손을 내밀었다.

"딩당, 나 좀 구해 줘!"

샤오베이는 두 손으로 머리를 감싸며 딩당을 불렀다. 사실 딩당은 샤오베이의 바로 뒤에 있었다.

"좋아요! 그렇게 하죠."

로봇은 딩당이 대답하자 조용히 그 자리에 서 있었다. 딩당과 샤오베이는 10개의 등을 자세히 관찰했다.

"여기는 등만 10개가 있는데 도대체 어디에 숫자가 있다는 거야?"

샤오베이가 작은 목소리로 딩당에게 말했다.

"빙글나라는 수학 수준이 아주 높은 나라야. 우린 문제를 좀 더 깊이 생각해야 해."

딩당은 고개를 숙이고 골똘히 생각하다가 천천히 말했다. 샤오베이는 두 손을 비비며 왔다 갔다 했다.

"샤오베이, 나 생각났어! 등이 10개잖아, 어떤 것은 불이 들어오고 어떤 것은 꺼졌다면 아마 이진수를 표시하는 걸 거야."

딩당이 말했다.

"아마? 우리가 대답을 잘못하면 바깥으로 내던져질지도 몰라. 틀리면 안 돼."

샤오베이가 손을 휘저으며 말했다.

"너 축구 하던 열정은 다 어디로 간 거니? 내 뒤에 서 있어. 던지려면 날 던지라고 할 테니까."

딩당이 웃으며 말했다.

"그런데 등이 어떻게 이진수를 표시한다는 거야?"

샤오베이가 물었다.

"이진수는 0과 1밖에 없어. 등도 불이 들어오거나 꺼지는 것 이렇게 두 가지 경우밖에 없으니까 각 경우가 숫자 하나를 표시하는 거지."

"그럼 불이 들어온 건 1이고 꺼진 건 0이겠네?"

딩당은 고개를 끄덕이며 말했다.

"그래, 맞아! 십진수는 십을 만나야 하나가 올라가니까 이진수는 2를 만나야 하나가 올라가. 내가 표를 만들어 줄게. 그걸 보면 더 잘 이해할 수 있을 거야."

딩당은 표를 그렸다.

이진수	1	10	100	1000	10000	100000	1000000	……
십진수	1	2	4	8	16	32	64	……
계산방법	2^0	2^1	2^2	2^3	2^4	2^5	2^6	……

"아, 이제 알겠어. 이진수에서 0이 몇 개냐 하는 건 십진수에서 2의 몇 제곱이냐 하는 것과 같구나."

샤오베이가 그제야 알겠다는 듯이 말했다.

"왼쪽에서 오른쪽으로 로봇의 가슴 속에 있는 이진수를 써봐."

딩당은 등을 가리키며 말했다.

○ ● ○ ○ ● ○ ○ ○ ● ●

"불이 들어오고, 꺼지고, 들어오고, 들어오고, 꺼지고, 들어오고, ……."

샤오베이가 쓴 이진수는 1011011100이었다.

"그럼 이제 십진수로 바꿔 보자. 오른쪽에서 왼쪽으로 볼 때 열 번째 숫자는 1이니까 2^9=512이고, 9번째 숫자는 0이니까 계산할 필요가 없지. 여덟 번째, 일곱 번째는 모두 1이니까 각각 2^7=128, 2^6=64야. 마찬가지로 다섯 번째, 네 번째, 세 번째 숫자가 1이니까 역시 각각 2^4=16, 2^3=8, 2^2=4야. 마지막으로 이 숫자들을 모두 더하면 512+128+64+16+8+4=732야."

딩당이 샤오베이에게 말했다.

"계산해 냈구나. 732!"

샤오베이는 대문으로 달려가 힘껏 7, 3, 2를 눌렀다. 그러자 아름다운 음악 소리가 잠시 들리더니 대문이 천천히 열렸다.

"들어오세요. 수학궁의 대문은 수학을 사랑하는 사람들에게 언제나 활짝 열려 있습니다!"

로봇이 말했다.

딩당과 샤오베이는 큰 걸음으로 성큼성큼 수학궁에 들어섰다. 들어가서 살펴보니 바닥의 마방진은 변한 것이 없었다. 이번에는 직사각형 문으로 들어갔다.

"4차 마방진의 상수는 34니까 반드시 이 문으로 들어가는 게 틀림없어."

딩당은 문을 열고 안으로 들어갔다.

"일단 들어가지 말고 머리를 내밀어서 한번 봐 봐. 또 바깥으로 나가는 건 아니지?"

샤오베이는 마음을 놓을 수가 없어서 뒤에서 소리를 질렀다.

"샤오베이, 빨리 와 봐. 여기 꼬마 애들이 많아."

샤오베이가 들어가 보니 한 무리의 아이들이 로봇과 함께 놀이를 하고 있었다. 아이들은 딩당과 샤오베이가 들어온 것을 보고 손뼉을 치며 외쳤다.

"형들, 우리와 함께 수학 놀이를 하게 된 것을 환영해요."

아이들은 딩당과 샤오베이를 붙잡고 주위를 둥글게 둘러쌌다. 모두 손뼉을 치자 한 여자아이가 박자를 맞추며 원 안에서 춤추며 노래를 불렀다.

"일이삼사오, 산에 올라 호랑이를 잡는다. 호랑이는 사람을 먹지 않고, 멍청이만 잡는다."

노랫소리가 멈추자 그 여자아이는 샤오베이를 잡았다. 그러자 아이들도 환호했다.

"잡았다!"

샤오베이는 마음속으로 생각했다.

'기왕 잡힌 바에야 기분 좋게 장기 자랑이나 하고 끝내야지.'

샤오베이는 노래를 잘 못해서 평소에 강아지 짖는 소리를 연습했기 때문에 '멍멍' 소리를 냈다. 그런데 로봇이 샤오베이를 막으면서 벽에 쓰인 큰 글자를 가리키며 말했다.

"여기는 수학 놀이방이야. 모든 놀이는 수학과 연결되어야 해. 강아지 짖는 소리를 흉내 내는 것 가지고는 안 돼."

샤오베이는 속으로 생각했다.

'강아지 짖는 소리를 내는 것도 소용없구나!'

그러고는 말했다.

"하지만 난 이것 말고 다른 건 할 줄 아는 게 없는데."

"그럼 이렇게 하자. 내가 수학 문제를 낼 테니까 그걸 알아맞히면 장기 자랑을 한 것으로 쳐 줄게."

로봇이 말했다. 샤오베이는 다른 방법이 없어서 고개를 끄덕이며 동의했다.

로봇은 아이들 49명을 뽑아서 아이들의 가슴에 각각 번호를 붙여 주었다. 번호는 1에서 49까지 모두 달랐다.

"이 중에서 아이들을 몇 명 골라 원을 만드는데, 서로 옆에 있는 아이들의 번호를 곱하면 100보다 작아야 해. 아이들을 최대 몇 명까지 고를 수 있겠니?"

로봇이 샤오베이에게 말했다. 샤오베이는 당황했다.

'애들 앞에서 어떻게 못 한다고 말해!'

샤오베이는 아이디어가 떠오르지 않자 딩당을 보며 도와 달라는 신호를 보냈다. 딩당은 그 뜻을 알아차리고 말했다.

"이렇게 하죠. 제 친구가 장기를 하나 보여 주었으니까 문제는 제가 풀게요. 어때요?"

로봇은 고개를 끄덕였다.

딩당은 샤오베이가 문제를 푸는 방법을 배우도록 풀이 과정을 소리 내어 말했다.

"두 자리 수 두 개를 곱하면 100 이상이니까 두 자리 수가 서로 이웃하면 안 돼."

딩당이 나서서 수학 문제를 푸는 것을 보고 샤오베이는 다시 활기를 찾았다.

"이 점이 가장 중요해!"

샤오베이는 아이들에게 말했다.

"1부터 49까지 한 자리 숫자는 모두 9개니까 이 숫자들로 먼저 원을 만들고, 한 자리 수 사이마다 각각 두 자리 수 한 개씩을 집어넣으면 모두 9개 숫자를 더 사용할 수 있어. 그래서 합하면 모두 18개지."

이어서 딩당이 말했다.

"최대 18명을 선택할 수 있어. 야, 이제 해결됐다!"

곧바로 샤오베이가 발표했다.

"너는 이 문제를 정확하게 풀었으니 수학궁으로 계속 들어갈 능력이 있구나. 북문으로 가거라."

로봇이 딩당에게 말했다.

"저는요?"

그 말에 샤오베이가 재빨리 물었다.

"넌 수학 실력이 낮으니 남아서 애들과 수학 놀이나 해라."

로봇이 말했다.

"에?"

샤오베이는 무슨 말을 해야 할지 몰라서 두 눈을 크게 뜨고 입을 벌린 채 멍하니 서 있었다.

딩당, 홀로 탐험에 나서다

 딩당도 샤오베이와 같이 가게 해 달라고 말하고 싶었지만 로봇은 허락하지 않고 두 손으로 딩당을 세게 북문으로 밀어 넣었다.

"쾅!"

문은 눈 깜짝 할 사이에 닫혔다.

딩당은 샤오베이가 걱정되어 온 힘을 다해 문을 잡고 큰 소리로 외쳤다.

"문 열어요! 문 열어 주세요!"

그러나 문은 철통같이 닫힌 채였고, 문 너머로 아이들의 노랫소리가 들려 왔다.

"일이삼사오! 바보는 숫자를 모른대. 오사삼이일! 늙은 암탉을 잡는다."

이어서 "야, 잡았다!" 하는 소리와 박수 소리가 들렸다.

"후유!"

딩당은 한숨을 내쉬고는 마음속으로 생각했다.

'또 샤오베이에게 어려운 문제를 내겠군.'

딩당이 한참 동안 기다렸지만 샤오베이가 들어올 기미는 보이지 않았다. 딩당은 어쩔 수 없이 앞으로 걸어갔다.

딩당이 들어온 방은 그리 크지 않고 내부 장식도 간단했다. 네 벽이 온통 하얗고, 중간에 탁자와 의자가 하나씩 있었다. 딩당은 좀 피곤해서 의자에 앉았다. 그러자 '휙' 하는 소리와 함께 맞은편 벽에 거대한 형광등이 나타났다. 그리고 그 뒤로 백발의 할아버지가 나타나 미소를 지으며 딩당에게 말했다.

"무슨 일로 나를 찾았느냐?"

"저는······."

딩당은 얼버무리며 속으로 생각했다.

'전 할아버지 안 찾았는데요!'

그러면서 고개를 숙이자 탁자에 쓰인 글이 한 줄 보였다.

"할아버지 수학 박사님에게 도움을 요청할 수학 문제가 있으면 의자에 앉으시오."

딩당은 기지를 발휘해서 물었다.

"제 친구가 남쪽 방에 갇혀 있는데 어떻게 하면 다시 만날 수 있을까요?"

"음. 확실히 말해 줄 수 있는 것은 네 친구는 수학을 못 해서 나한테 물어볼 만한 수준의 수학 문제는 없을 거라는 거다."

박사는 웃으며 말했다.

"우린 함께 이곳에 왔어요. 어떻게 친구를 버려두고 혼자만 가겠어요?"

"얘야, 네가 낸 문제는 어려운 수학 문제가 아니로구나! 공부는 스스로 하는 거야. 다른 사람이 대신해 줄 수 없단다. 난 네가 다시 남쪽 방으로 가도록 도울 수는 있지만 네 친구가 이 방으로 들어오게 할 수는 없구나."

박사는 고개를 저으며 말했다.

"그럼 제가 다시 돌아가도 돼요!"

딩당은 기뻐하며 말했다.

"봐라! 남문에는 열쇠가 하나 있는데, 네가 손가락으로 그 열쇠를 한 번에 그려야 한단다. 도중에 그림에서 손가락을 떼도 안 되고, 선이 중복되어서도 안 돼. 네가 문제의 조건대로 잘 그리기만 하면 남문은 자동으로 열린단다."

박사는 손으로 남쪽 문을 가리키며 말했다. 딩당이 고개를 돌려 보니 과연 남문에 거대한 열쇠가 보였다.

"어디서부터 그림을 그리지?"

딩당은 열쇠를 보며 골똘히 고민했다. 고개를 숙이고 일단 종이에 간단한 도형을 몇 개 그려 보았다. 딩당은 어떤 사물이든 간단한 것에서 복잡한 것으로 연구해야 한다는 것을 알고 있었다. 먼저 간단한 사물에서 규칙을 찾고 나서 복잡한 문제를 풀어야 한다.

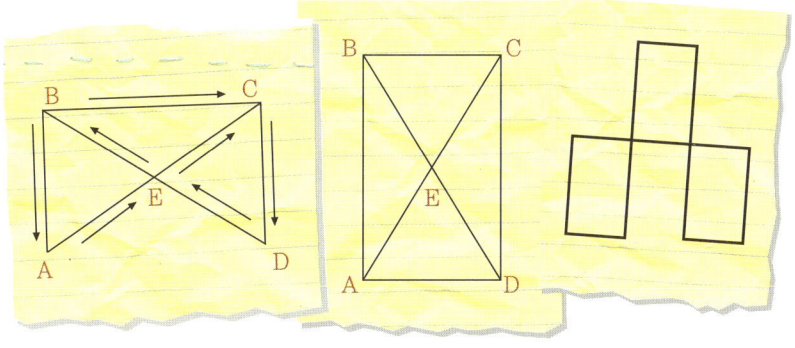

딩당은 손이 가는 대로 연 모양을 그렸다. B에서부터 시작해 B→A→E→C→D→B→C 순서로 그렸더니 한 번에 그려지고 선이 겹치는 부분이 없었다. 그리고 다시 A에서 출발해 그려 보았는데, 이제는 어떻게 그려도 선이 중복되지 않고는 한 번에 그릴 수가 없었다.

딩당은 또 두 대각선이 연결된 직사각형을 그렸다. 이번에도 어떤 점에서 출발하든 중복되지 않고는 한 번에 그릴 수 없었다. 그리고 품(品) 자 모양 도형도 그려 보았다. 이제는 어떤 점에서 출발하든지 중복되지 않게 한 번에 그릴 수 있었다.

딩당은 이 세 가지 도형을 보고 각 그림과 각 점의 특징을 주의 깊게 관찰했다. 그러다 어느 순간 모든 것을 알아챘다. 딩당은 빠른 걸음으로 남문에 도착했다. 그리고 손가락으로 열쇠의 A 지점에서 출발해 먼저 중간의 작은 원을 그리고 다시 톱니 모양 꽃잎을 그린 다음 다시 아래로 내려가 열쇠의 몸통을 그리고는 마지막으로 B까지 큰 반원을 그렸다. 그러자 한 번에 그려지고 중간에 중복되는 부분이 없었다.

딩당이 그림을 다 그리자 남문은 자동으로 열렸다. 막 그 문으로 딩당이 들어가려고 할 때였다. 할아버지 수학 박사가 뒤에서 부르는 소리가 들렸다.

"애야, 기다려라! 열쇠에 그렇게 많은 점이 있었는데, 왜 A점에서 그림을 그리기 시작하고 B점에서 끝났지?"

"이 그림들을 보다가 알게 되었어요. 그림의 점들은 두 종류가 있는데, 그중 하나는 짝수 점이에요. 짝수 점에서 나가는 선은 짝수 개죠. 그리고 다른 한 점은 홀수 점인데, 홀수 점에서는 홀수 개의 선이 나가요. 예를 들어서 그림에 품 자 도형처럼 짝수 점만 있으면 어느 점에서 출발하든지 중복되지 않게 한 번에 그릴 수 있어요."

딩당은 자신이 그린 그림 세 장을 꺼내며 말했다.

"옳거니! 그럼 그림에 홀수 점이 있으면?"

박사는 고개를 끄덕이며 말했다.

"만약에 연 모양 도형처럼 홀수 점이 B와 C, 이렇게 두 개뿐이라면 한 홀수 점에서 출발해서 다른 홀수 점으로 한 번에 그릴 수 있어요."

"홀수 점이 세 개 이상이면?"

"홀수 점이 세 개 이상이면 한 번에 그릴 수 없어요. 잘 보니까 열쇠에는 A와 B, 이렇게 두 개의 홀수 점이 있더라고요. 그래서 A에서 출발해서 B까지 한 번에 그릴 수 있었죠."

"너는 관찰력과 분석 능력이 뛰어나 앞으로 크게 성공하겠구나. 네 성공을 미리 축하한다."

"감사합니다!"

딩당은 큰 걸음으로 남문으로 들어가 샤오베이를 찾았다. 여전히 로봇이 아이들을 데리고 수학 놀이를 하고 있었지만 샤오베이는 보이지 않았다.

"얘들아, 여기 있던 내 친구 어디 갔는지 아니?"

딩당이 급히 물었다.

"오빠 친구가 아주 간단한 수학 문제밖에 대답을 못 해서 로봇이 동문으로 내 보냈어요."

머리를 땋은 여자아이가 말했다.

"고마워!"

딩당은 동문 쪽으로 달려갔다. 동문을 열자 지하실로 향하는 계단이 나왔다. 딩당은 계단을 따라 아래로 내려가며 샤오베이를 불렀다.

"샤오베이! 너 거기에 있니?"

지하실로 달려가 문을 열어 보니 안은 깜깜해서 아무것도 보이지 않았다. 딩당은 지하실 안을 향해 작은 목소리로 샤오베이를 불렀지만 아무런 대답도 돌아오지 않았다. 대신 안에서는 이상한 소리가 희미하게 흘러나왔다.

"큰일 났네, 샤오베이가 길을 잃었나? 무슨 일이 생긴 걸까?"

딩당은 마음이 급해져서 다시 계단을 뛰어 올라갔다. 자신이 들어온 문을 잡아당겨 보았지만 열리지 않았다.

딩당은 계단에서 쉬면서 우선 침착해져야겠다고 생각했다. 딩당은 방금 벌어진 모든 일을 차근차근 되짚어 보았다.

'나한테 대답해 준 여자아이가 그렇게 천진난만한 얼굴로 날 속일 리 없어. 그런데 샤오베이는 정말 지하실로 내려갔을까? 그럼 왜 내가 불렀는데도 대답하지 않을까? 지하실은 왜 불도 안 켜지고 이렇게 어두운 거지? 그리고 아까 그 이상한 소리는 뭘까? 안 되겠어. 내가 내려가서 다시 찾아봐야지. 이 지하실이 아마 특수한 구조로 이루어져 있을지도 몰라.'

딩당은 다시 계단을 뛰어 내려가서 지하실 입구에 전등 스위치가 있는지 찾아보았다. 딩당은 입구에 서서 안쪽을 향해 샤오베이를 불러 보았다. 안에서 약간의 움직임이 느껴졌다. 딩당은 앞으로 몇 발자국 가서 크게 외쳤다.

"샤오베이! 어디에 있니?"

"딩당, 나 여기 있어!"

두 사람은 어둠 속에서 손을 뻗어 더듬거렸다. 이리저리 더듬거리다 보니 마침내 손과 손이 맞닿았다.

"좀 전에 내가 불렀을 때는 왜 대답하지 않았니?"

딩당이 물었다.

"내가 아주 깜깜한 지하실에서 한참을 기다렸는데, 조금 전에야 네가 날 부르는 소리를 들은 것 같았어. 그런데 소리가 너

무 작아서 내가 착각한 줄 알았어!"

샤오베이가 대답했다.

"네가 지하실에 도착했을 때도 안이 이렇게 깜깜했니?"

"아니! 안이 무척 밝았는데 내가 어딘가로 걸어가니까 불이 갑자기 꺼졌어."

"이 지하실은 커? 어떤 모양이야?"

"크기는 좀 크고, 타원형이야. 사방에 그림이 있어서 아름다웠어!"

"네가 어디까지 걸어갔을 때 불이 갑자기 꺼졌니?"

"타원의 중심에서 안쪽으로 조금 이동했을 때야."

딩당은 왜 그런가를 생각했다. 그러고는 입구로 걸어가서 그 부근을 왔다 갔다 걸었다. 딩당의 발이 어느 한 곳을 밟았을 때, 반짝 하고 불이 켜졌다.

"와, 다행이다! 정말 잘 됐어!"

샤오베이는 기뻐하며 높이 뛰어올랐다.

"단지 입구로 가서 몇 바퀴 정도를 걸은 것 같은데 어떻게 불이 켜졌지?"

샤오베이가 물었다.

"다 신기한 타원의 구조 때문이야. 타원에는 초점이 F_1과 F_2, 이렇게 두 개가 있어. 타원에는 참 특이한 성질이 있는데, 초점 F_1에서 나온 빛이나 소리는 타원에 의해 반사되면 모두 다른 초

점인 F_2로 모이게 되어
있어."

딩당은 종이에 타원을 하나 그리며 말했다.

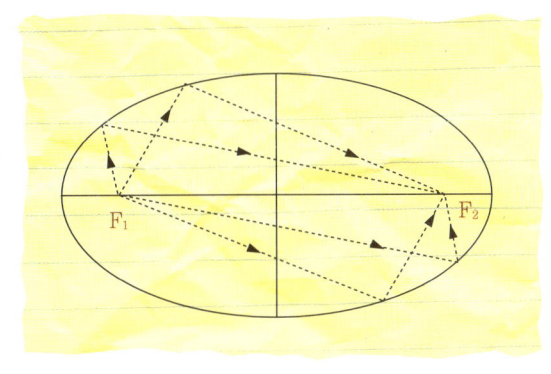

"봐. 계단 입구가 바로 한 초점이야. 계단 입구에서 너를 불렀을 때 지하실도 크고 우리가 서로 멀리 떨어져 있었기 때문에 소리가 네 귀에 직접 전달되기에는 너무 약했지만, 반사된 목소리는 타원 벽의 반사를 거쳐서 초점으로 집중되었어. 마침 그때 네가 다른 한 초점에 있어서 소리를 잘 들을 수 있었지. 그렇지 않았으면 여전히 잘 듣지 못했을 거야."

딩당은 계단을 가리키며 말했다.

"벽에서 반사된 목소리 말고도 지붕과 바닥도 있잖아!"

"자, 천장에는 연두색 벨벳이 붙어 있고, 바닥에는 카펫이 깔려 있어. 이건 모두 소리를 반사하는 효과가 아주 낮아. 주로 벽에서 반사가 되는 거야."

"그럼 불은 어떻게 된 거지?"

"불을 켜는 스위치는 계단 입구인 이 초점에 설치되어 있고, 불을 끄는 스위치는 다른 초점에 설치된 거지. 모두 카펫 아래에 숨겨져 있어서 발로 밟아야만 작동하는 거야."

"네가 방금 날 찾았을 때는 왜 밟지 못했지?"

"너무 어두워서 난 계단 난간을 붙잡고 내려왔고, 초점을 밟지 못했으니까 등이 켜지지 않았던 거야. 샤오베이, 너 방금 지하실에서 뭘 하고 있었어?"

"뭘 하고 있었겠어? 사방을 더듬거리고 있었지."

"그렇다면 내가 조금 전에 들었던 이상한 소리는 네가 카펫 위를 움직이는 소리였구나."

"불이 켜져 있을 때 빨리 위층으로 나가자."

샤오베이는 딩당을 끌고 밖으로 나가며 말했다.

"내가 해 봤지만 문이 안 열려. 돌아갈 수가 없어."

딩당은 고개를 저으며 말했다.

"그런데 여기는 두 번째 문도 없잖아. 설마 계속 여기에서 그림만 보며 지내야 하는 건 아니겠지?"

딩당은 샤오베이의 말에는 대답하지 않고 계속 그림만 열심히 쳐다보았다.

"너는 이 상황에 그림 볼 정신이 있니?"

샤오베이는 마음이 급해져서 발을 동동 구르며 물었다.

"문을 찾는 실마리가 그림에 있을 거야."

딩당이 태연하게 말했다.

그림에 숨은 단서를 찾아라!

자세히 보니 그림들은 모두 수학 문제였다. 딩당은 그중에서 〈통통한 어린아이의 편지 배달〉이라는 그림에 주목했다. 그림에는 통통한 어린아이가 손에 편지 한 무더기를 들고 있고, 그 아래에 글이 몇 줄 쓰여 있었다. 글은 이 어린아이가 A점에서 출발해 그림에 그려진 길을 따라 모든 집에 편지를 배달하고 마지막에 B점의 대문으로 들어갈 수 있는지를 묻고 있었다. 이때, 한 번 간 길은 다시 갈 수 없다는 조건이 있었다.

"만약 여기에 쓰인 대로 A점에서 B점까지 한 번에 선을 그릴 수 있으면 문은 저절로 열릴 거야."

딩당이 샤오베이에게 말했다.

"정말?"

샤오베이는 별로 믿는 눈치가 아니었다.

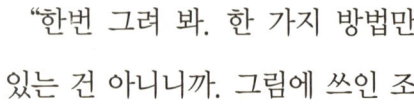

"한번 그려 봐. 한 가지 방법만 있는 건 아니니까. 그림에 쓰인 조건대로 잘 그리면 문도 반드시 찾을 수 있을 거야."

딩당은 이미 수학궁에서 이런 문제를 경험한 적이 있었다.

샤오베이는 곧바로 A점에서 9번 집으로 그림을 그리려 했다. 딩당이 재빨리 외쳤다.

"잠깐만. 너 9번 집으로 그리고 나서 다음에 어떻게 그릴지 알고 있어?"

"그때그때 생각해 봐야지. 하늘이 무너져도 솟아날 구멍은 있다고 하잖아!"

샤오베이는 건성으로 말했다. 샤오베이의 말에 딩당은 할 말을 잃었다.

"A에서 9번 집으로는 절대 안 돼!"

"어째서?"

딩당은 그림을 가리키며 말했다.

"A에서 먼저 9로 가면, 8로 편지를 배달할 때 반드시 5에서 8로 가야 해. 그런데 5에서 8은 길이 하나밖에 없어서 들어가면 다시 나올 수 없잖아. 결국 갔던 길을 다시 가는 수밖에 없어."

"그렇구나. 그럼 A에서 먼저 10으로 가지 뭐."

이 그림의 길은 그다지 어렵지 않아서 샤오베이는 단번에 A에서 B로 그렸다. 가는 길의 순서는 A→ 10→ 11→ 8→ 5→ 6→ 9→ 7→ 4→ 2→ 1→ 3→ B였다.

샤오베이가 길을 다 그리자 그림이 천천히 위로 올라갔다. 원래 그림이 걸려 있던 벽에는 문이 있었다. 샤오베이는 몹시 기뻐하며 순식간에 문을 열고 뛰어 들어갔다. 문 뒤로는 구불구불한 골목이 이어졌다. 샤오베이와 딩당은 차례로 서서 골목길을 따라 앞으로 쭉 걸어갔다. 한참을 걸어가자 앞에 문 하나가 또 나타났다. 샤오베이가 바로 문을 열고 불쑥 뛰어 들어가자 딩당도 따라 들어갔다. 문이 소리를 내며 저절로 닫혔다. 딩당과 샤오베이는 주변을 둘러보다가 순간 멍해졌다.

'어? 어째서 다시 타원형 지하실로 되돌아왔지?'

"아이 참! 여긴 정말 사람을 일부러 빙빙 돌리며 가지고 노는구나!"

샤오베이는 화를 내며 카펫에 털썩 주저앉았다.

"빙글나라가 이렇게 해야 문을 발견할 수 있게 설계한 건 아마도 사람들에게 어떤 원리를 말해 주고 싶었던 걸 거야."

딩당은 골똘히 생각하더니 말했다.

"무슨 원리?"

"네가 방금 그린 그림은 사실 아주 쉽게 그릴 수 있는 거였어. 그런데 수학에서는 이렇게 쉬운 문제만 골라서 풀고 노력은 별로 들이지 않으면서 비법만 찾으려고 하면 우리가 방금 돌고 돌아서 다시 여기로 온 것처럼 마지막에는 결국 출발점으로 되돌아오게 되고, 앞으로 나아갈 수 없어."

"그러고 보니 그러네. 우리, 이번에는 조금 어려운 문제를 같이 풀어 볼까? 어때?"

샤오베이는 고개를 끄덕이며 말했다.

"좋아!"

딩당과 샤오베이는 다시 그림들을 자세히 보았다. 하지만 계속 쳐다봐도 문 같은 것은 발견하지 못했다.

"문이 없어!"

샤오베이가 외쳤다.

그런데 딩당은 계속 한 그림 앞에 서서 뚫어져라 쳐다보았다. 샤오베이도 그곳으로 가서 자세히 쳐다보았다. 축구를 하는 선수들 가운데 한 선수가 발을 뒤로 한껏 빼서 강하게 슛을 하는 그림이었다. 공은 일직선을 그리며 빠르게 날아갔는데, 어디로 날아가는지는 그림에 나오지 않았다.

"이것은 축구 경기 그림인데, 축구 팬인 네가 보기에 어떤 장면인 것 같아?"

딩당이 고개를 돌려 샤오베이에게 물었다.

"슛하는 선수와 골문 사이의 거리는 대략 25미터이고, 이건 '발리슛'이라고 날아오는 공이 땅에 닿기 전에 발로 차는 거야."

샤오베이는 전문가 같은 말투로 그 선수의 동작을 설명했다.

"이게 슛을 하는 동작인지 확신할 수 있어?"

"전문가의 눈은 절대 속일 수가 없지. 패스에서는 이렇게 차는 법이 없어. 분명히 슛이야!"

딩당은 웃으며 말했다.

"그럼 이번에는 문이 있겠다!"

"하지만 문은 아무 데도 안 보이는데?"

"이 그림에는 분명히 문이 그려져 있어. 생각보다 쉽게 찾을 수 있을 거야. 대신 이 문은 우리가 잘 찾아볼 필요가 있겠어."

딩당은 공이 날아가는 방향을 따라 꼼꼼하게 골문을 찾았다. 축구 경기 장면을 그린 그 그림의 오른쪽 첫 번째 장면에는 이름을 알 수 없는 작은 나무가 그려져 있었다. 꼭대기 부분이 그려져 있지 않은 그 나무에는 가지가 아주 많았다. 오른쪽으로 두 번째 장면에는 오리 두 마리가 있고, 세 번째 장면에는 어린 아이가 강아지를 데리고 있었다. 그런데 골대는 역시 없었.

이때 갑자기 샤오베이가 외쳤다.

"딩당, 빨리 여기로 와 봐. 여기 글자가 있어!"

딩당이 얼른 달려가서 보니 이름 모를 나무 아래에 글자가 몇 줄 쓰여 있었다.

이 나무에서 새로운 가지가 자라는 데는 규칙이 있다. 방금 새로운 가지가 하나 나왔고, 이전 가지와 새로운 가지에는 작은 열매가 하나씩 열린다. 그런데 어디서 날아온 공인지 모르는 축구공 하나가 칼로 깎아 놓은 것처럼 이전 가지와 새로운 가지에 달린 열매를 모두 떨어뜨렸다. 당신에게 열매가 어디로 떨어졌는지 묻겠다. 만일 열매의 개수 m을 계산해 낼 수 있으면 이 그림에서 오른쪽으로 m번째 그림에 골문이 있는 것을 알 수 있다. 축구공과 열매는 모두 골대 안에 있다.

"이번에는 방법이 있어. 열매가 모두 몇 개인지 세어 보자. 그런데 어떻게 세지?"

샤오베이가 말했다.

"이 나무가 자라는 규칙을 찾는 게 먼저야. 누가 먼저 이 규칙을 찾는지 내기하자."

딩당과 샤오베이는 눈도 한 번 깜빡이지 않고 유심히 나무를 쳐다보았다.

"발견했어!"

얼마 지나지 않아 샤오베이가 서둘러 말했다.

"무슨 규칙인데?"

"새로운 가지가 자라면 반드시 새로운 잎이 나왔어."

"네가 발견한 건 생물의 규칙이고, 우리가 지금 찾아야 하는 건 수학 규칙이야."

다시 둘 다 그림을 쳐다보는데, 샤오베이가 더는 견딜 수 없는지 딩당에게 물었다.

"수학 규칙을 발견했니?"

"음, 하나 발견했는데, 맞는지 볼래?"

딩당은 종이에 나무를 대충 그리고, 다시 직선 몇 개를 그렸다. 그 옆에는 나뭇가지 개수를 적었다.

1, 2, 3, 5, 8, ?

"만일 잘린 층의 나뭇가지 수를 계산할 수 있으면 열매의 개수 m을 알 수 있어."

딩당은 그림을 가리키며 말했다.

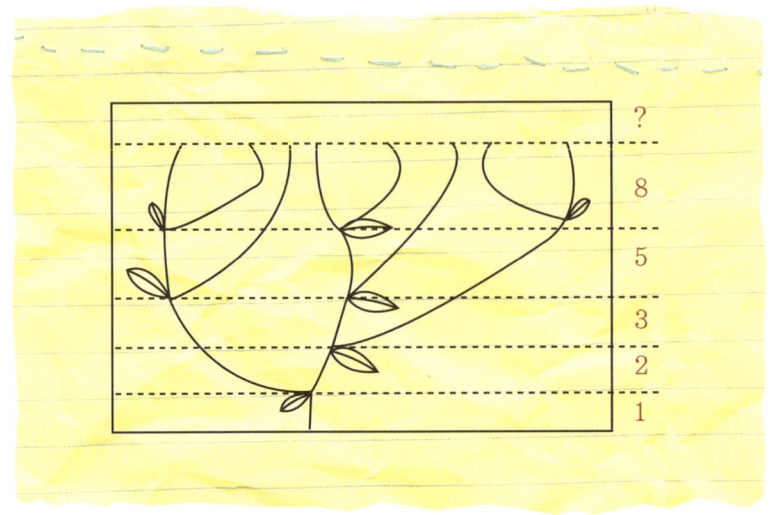

"앞의 숫자 세 개는 1, 2, 3이니까 규칙이 있어 보이는데, 갑자기 4가 없어지고 5가 생겼고 또 6과 7도 빠졌으니 어떻게 규칙을 찾겠어?"

샤오베이가 머리를 긁적이며 말했다.

딩당은 종이에 식을 몇 개 썼다.

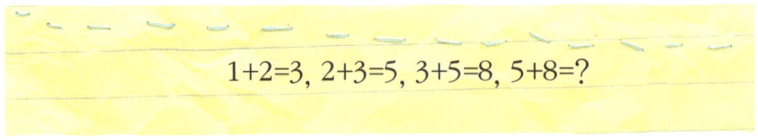

1+2=3, 2+3=5, 3+5=8, 5+8=?

샤오베이가 보더니 큰 소리로 말했다.

"맞아! 그다음은 13이야. 가지가 13개니까 열매도 13개겠지.

아, 이제 알겠어! m=13이야."

샤오베이는 오른쪽으로 그림을 세어 보았다. 일곱 번째 그림까지 세었을 때도 어디에 골문이 있고 어디에 축구공과 열매가 있는지 알 수 없었다. 그림에는 컴퓨터 앞에 앉은 아이가 손으로 빨간색 버튼을 누르려 하고 있었다.

'골문이 없잖아?'

딩당은 이렇게 생각하며 손으로 그림의 빨간색 버튼을 눌렀다. 그러자 신기하게도 그림이 180° 돌더니 그림 뒤에 또 하나의 그림이 나타났다. 그 그림에는 골문이 그려져 있고 골문 안에 축구공과 열매 13개가 있었다. 이 그림을 위로 들어 올리자 문이 나타났다. 샤오베이는 몹시 기뻐하며 얼른 고개를 숙이고 문 안으로 들어갔다. 상체를 들이밀었을 때 '퉁' 하고 소리가 나더니 샤오베이가 곧바로 몸을 뒤로 뺐다. 딩당은 샤오베이의 머리에 작은 혹이 난 것을 보았다.

"아야! 문 안에 문이 또 있잖아."

그러나 샤오베이가 머리를 부딪친 덕분에 문 너머에 불이 밝게 켜졌다. 딩당이 문 너머로 머리를 디밀고 보니 샤오베이가 부딪친 또 다른 문에는 그림이 두 개 있었다. 하나는 사람이 토끼를 잡아먹는 그림이고, 다른 하나는 토끼 무리가 사람을 무는 그림이었다. 두 그림 사이에 큰 물음표가 그려져 있고, 문 아래에는 많은 글자가 쓰여 있었다.

700여 년 전 이탈리아 수학자 피보나치는 토끼의 번식 문제를 제시했다. 문제는 다음과 같다. 옛날에 어떤 사람이 토끼 한 쌍을 울타리 안에 가둬 놓으면 1년 후에 토끼가 몇 쌍이나 태어나는지 알고 싶었다. 부모 토끼 한 쌍 A는 한 달에 새끼 토끼 한 쌍 B를 낳을 수 있고, 또 한 달이 지나면 새끼 토끼 한 쌍 B는 부모 토끼 한 쌍 A로 자라는 규칙이 있다. 1년 후에 울타리 안에 토끼가 몇 쌍이나 있는지 계산해 보라. 그리고 토끼가 이런 속도로 번식하면 10년 후에는 사람이 토끼를 먹을지, 아니면 토끼가 사람을 먹을지 생각해 보라.
이 문제의 답을 정확히 맞히면 아름다운 세계가 당신을 기다리고 있을 것이다!

"빙글나라에는 온통 이상한 문제만 있네! '사람이 토끼를 먹을지, 아니면 토끼가 사람을 먹을지' 하는 것도 문제가 되니 말이야. 토끼가 사람 먹는 거 본 사람이 있을까? 정말 희한해."

샤오베이가 머리를 흔들며 말했다.

"방금 계산했던 열매의 수나 지금 계산하려는 토끼 문제나 모두 수학적인 방법으로 생물의 성장 규칙을 찾는 게 제일 중요해."

"잠깐 사이에 부모 토끼가 새끼를 낳고, 또 잠깐 사이에 새끼 토끼가 부모 토끼가 되잖아. 낳으면 낳을수록 수가 많아지고, 토끼 수가 많아지면 많아질수록 복잡해지는데!"

샤오베이는 조금 귀찮다는 표정이었다.

"토끼의 번식이나 나무가 자라는 건 같은 문제인 것 같아. 토끼가 번식하는 규칙도 그림을 그려서 찾아보자."

딩당은 나무의 성장 그림 옆에 토끼의 성장 규칙에 따른 그림을 그렸다.

"어, 새로운 가지가 나오는 거랑 토끼 한 쌍이 태어나는 거랑 똑같구나. 옆에 있는 숫자도 완전히 같네?"

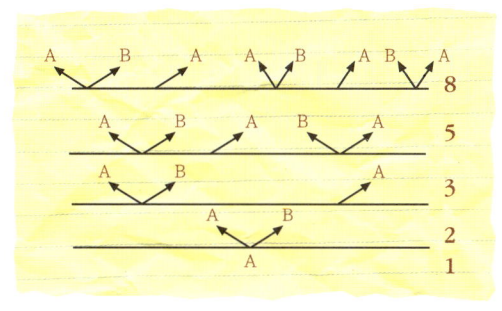

샤오베이는 옆에서 딩당이 그림을 그려 나가는 것을 보고는 말했다.

"뒤에 나오는 수가 앞에 있는 두 수의 합이라는 규칙을 이용해서 12개월 후에 이 울타리 안에 토끼가 몇 쌍이나 있을지 계산해 낼 수 있겠니?"

딩당이 말했다.

"그런 건 쉽게 계산할 수 있지. 5+8=13, 13+8=21, 21+13=34 …… 89+144=233. 계산했다. 모두 233쌍이야."

샤오베이가 암산으로 계산한 뒤 말했다.

"정말 많구나! 2년 후에는 4만여 마리가 되겠네. 시간이 갈수록 점점 번식하는 속도가 빨라져."

딩당이 말했다.

"이렇게 보면, 미래에는 토끼가 사람을 먹겠어. 예전에 호주에서는 토끼가 없어서 외부에서 몇 마리를 들여왔대. 그런데 이 토끼들이 좋은 환경에서 무척 빨리 번식해서 나중에는 토끼가 호주에 재앙이 되었다고 했어!"

샤오베이에게 의외의 구석도 있었다.

"토끼의 번식 속도가 아무리 빨라도 사람에게 큰 위협은 되지 않을 거야. 토끼도 죽게 마련이고 또 사람이 토끼의 번식을 조절해서 토끼가 사람을 먹는 일은 일어나지 않을 거야."

딩당은 고개를 저으며 말했다. 딩당의 말이 끝나자 문이 자동으로 열렸다. 문 안쪽은 번쩍번쩍 빛나는 금으로 되어 있었다.

신비로운 황금방에 들어가다

딩당과 샤오베이가 들어간 방은 온통 금이었다. 벽도 금이요, 창문도 금, 탁자와 의자도 금이었다. 심지어 바닥도 금으로 되어 있었다. 방 한가운데에 '황금방'이라고 쓰인 금 팻말이 세워져 있고 그 세 글자 아래에는 작은 글씨로 다음과 같이 쓰여 있었다.

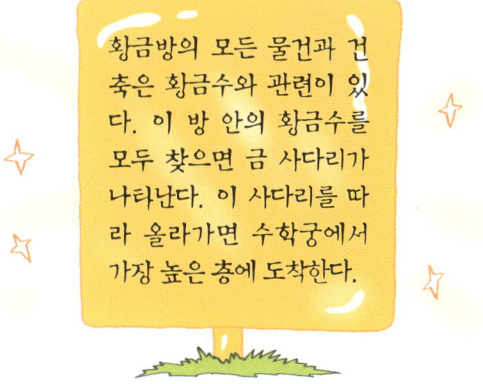

황금방의 모든 물건과 건축은 황금수와 관련이 있다. 이 방 안의 황금수를 모두 찾으면 금 사다리가 나타난다. 이 사다리를 따라 올라가면 수학궁에서 가장 높은 층에 도착한다.

"됐다고 그래. 황금방에 들어왔는데 또 황금수를 찾으라니! 난 황금수가 뭔지도 모르는데 도대체 어떻게 찾으란 말이야? 나처럼 뛰어난 축구 선수가 그 재능을 발휘할 곳조차 없다니!"

샤오베이는 팻말의 글을 다 읽고 나서 말했다.

"이제 수학궁을 빠져나가야 하는데, 어떻게 이제 와서 그만두니?"

딩당이 샤오베이에게 핀잔을 주며 말했다

"그럼 넌 황금수가 뭔지 알아?"

샤오베이가 물었다.

"황금 분할이 뭔지는 알아. 황금수도 책에서 본 적이 있고. 그런데 시간이 지나서 황금수가 뭔지 잊어버렸어."

"그것 봐. 너도 잊어버렸는데, 나는 더 방법이 없지. 우리 그냥 이 황금방에서 기다려 보자."

샤오베이는 의자에 앉아 길게 한숨을 내쉬었다.

"모든 물건에 황금수가 있다고 했으니까 실제로 재 보자. 그럼 뭔가 나오지 않겠어?"

딩당은 말을 마치고 금 의자의 한 면의 길이와 너비를 측정했다. 길이가 1.9척*이고 너비는 1.174척이었다. 이것을 나눠 보면, $1.174 \div 1.9 ≒ 0.618$.

"맞아, 생각났어! 황금수는 0.618과 아주

척*
길이의 단위. 자라고도 한다. 한 척은 약 30.3 cm에 해당한다.

가까운 수야. 못 믿겠으면 내가 다시 이 직사각형 창문의 높이와 너비를 재 볼게."

창문의 너비는 3.09척, 높이는 5척으로 3.09÷5=0.618이었다.

"그리고 유명한 천문학자 케플러의 명언도 생각났어. '피타고라스 정리와 황금 분할*은 기하학의 큰 보물 두 가지다.'라는 거야."

딩당이 말했다.

"황금수를 알았으니 이제 같이 찾아보자."

샤오베이와 딩당은 방의 길이와 너비, 방문의 길이와 너비, 바닥에 깔린 금 타일의 길이와 너비도 모두 재 보았다. 그 비율은 모두 황금수였다.

"모든 것을 황금수에 따라 설계하면 뭐가 좋을까?"

샤오베이가 물었다.

"고대 그리스인들은 황금 분할을 아주 중요하게 여겼어. 황금 분할에 들어맞는 건축물이어야 가장 아름답다고 여겼지."

딩당이 말했다.

"고대 그리스 수학자들은 인체에도 황금수가 많다고 여겼어. 예를 들어 배꼽에서 발바닥까지의 거리와 머리 꼭대기에서 발바닥까지의 거리의 비가 0.618, 머리 꼭대기에서 코까지의 거

황금 분할 *

어떠한 선을 이등분할 때 한쪽의 제곱을 나머지와 전체와의 곱과 같도록 하는 일이다.
이것을 식으로 표현하면, $(AP)^2=BP×AB$이다.

A   P   B

이것을 황금 비율로 표현하면, AP:BP=1:0.618이다.

리와 머리 꼭대기에서 턱까지의 거리의 비도 0.618이야."

딩당은 금으로 된 인물상을 가리키며 말했다. 샤오베이가 실제로 인물상을 재 보니 역시 그랬다.

잴 수 있는 것은 다 재 보았고, 찾을 수 있는 것도 모두 찾았다. 그런데 딩당과 샤오베이는 마지막으로 남은 두 가지 물건 때문에 곤경에 빠졌다. 하나는 둥근 금 탁자의 면이고, 다른 하나는 금꽃이었다.

'이 원에도 황금 분할이 있을까? 이 꽃에도 황금수가 숨어 있을까?'

딩당은 한참을 생각했다. 샤오베이는 자를 들고 가지의 높이와 잎의 길이, 너비를 재 보았다. 그러나 0.618이란 비율은 나오지 않았다. 샤오베이는 지치고 화가 나서 원탁에 엎드려 쉬었다.

"이거 좀 이상해! 이 원탁 면 정말 오묘한데? 딩당, 너 빨리 엎드려서 봐 봐."

갑자기 샤오베이가 큰 소리로 말했다.

딩당은 탁자 면에 엎드려서 비스듬히 보았다. 탁자 면의 중심에 반지름 세 개가 나타나 원이 부채꼴 세 개로 분할되었다. 세 부채꼴의 중심각은 각각 137.50776°, 137.50776°, 84.98448° 이었다.

"이게 무슨 뜻일까?"

"이 각도들도 분명히 황금수와 관계가 있을 거야. 우리 나눠 보자."

샤오베이는 나눗셈을 해 보았다.

84.98448° ÷ 137.50776° ≒ 0.618034.

"거봐. 여기도 0.618이 나타났잖아!"

"잘했어! 샤오베이, 역시 너야! 원 안의 황금수도 발견했어! 137.50776°에 대응하는 호의 길이를 1이라고 하면 84.98448°에 대응하는 호의 길이는 0.618 정도 될 거야."

딩당은 샤오베이의 어깨를 두드리며 말했다.

"자, 그럼 이 고귀한 금꽃만 남았네. 황금수가 과연 어디에 숨어 있을까?"

샤오베이는 손으로 금꽃을 가리키며 말했다. 샤오베이와 딩당은 금꽃을 둘러싸고 한 바퀴, 두 바퀴, 세 바퀴 돌면서 자세히 관찰했다.

"이 빙글나라는 정말 모든 것이 빙빙 돌아가는구나."

딩당은 샤오베이의 말을 듣고 갑자기 멈춰 섰다. 그러고는 꽃을 바닥에 내려놓고 위에서 아래로 내려다보았다.

"그렇게 본다고 뭐 좋은 게 나오겠어?"

샤오베이는 이상하게 여기며 물었다.

"샤오베이, 너도 위에서 아래로 한번 봐 봐. 이 잎 사이의 각과 원탁 면의 세 반지름 사이의 각이 얼마나 비슷한지 알 수 있을 거야."

"정말? 내가 재 볼게. 틀림없어! 1번 잎과 2번 잎, 2번 잎과 3번 잎 사이의 각이 거의 137.5°, 3번 잎과 1번 잎 사이의 각이 대략 85°야."

"그럼 이 꽃의 잎도 황금 분할의 규칙에 따라 자라는구나."

"황금 분할에 따라서 잎이 자라면 좋은 게 도대체 뭐지?"

샤오베이가 물었다.

"그건 나도 잘 몰라. 내 생각에는 아마도 햇빛을 얼마나 받을 수 있는가와 관련이 있는 것 같아."

딩당은 꽃을 다시 탁자에 올려놓았다.

그러자 아름다운 음악과 함께 천장에 틈이 생기더니 번쩍번쩍 빛나는 금 사다리가 내려왔다. 그런데 사다리는 바닥에서 딩당과 샤오베이의 키 정도 높이에서 갑자기 멈췄다. 사다리 끝에 작은 나무 팻말이 달린 것이 보였다. 팻말에는 동그라미 여섯 개와 문제 하나가 있었다.

○ ○ ○ ○ ○ ○

귤나무를 심는 한 농부가 귤을 전부 수확해서 귤 2,520개를 여섯 아들에게 나눠 주려고 한다. 귤을 모두 나누고 나서, 첫째 아들에게 받은 귤의 $\frac{1}{5}$을 둘째 아들에게 주도록 했다. 그 귤을 받고 나서 둘째 아들은 자기 것의 $\frac{1}{7}$을 셋째 아들에게 주었다. 셋째 아들은 그 귤을 받고 나서 자기 것의 $\frac{1}{6}$을 넷째 아들에게 주었다. 넷째 아들은 그 귤을 받고 나서 자기 것의 $\frac{1}{5}$을 다섯째 아들에게 주었다. 다섯째 아들은 그 귤을 받고 나서 자기 것의 $\frac{1}{4}$을 여섯째 아들에게 주었다. 여섯째 아들은 그 귤을 받고 나서 자기 것의 $\frac{1}{3}$을 첫째 아들에게 주었다. 이런 과정을 거치자 모든 아들은 똑같은 양의 귤을 가지게 되었다. 각 사람이 처음에 받은 귤의 수를 첫째 아들부터 차례대로 왼쪽에서 오른쪽으로 동그라미 안에 써 넣으면 금 사다리가 내려올 것이다.

"이건 정말 사람을 골탕 먹이는 문제잖아! 문제에서 처음에 귤을 어떻게 몇 개씩 나눠 주었는지 알려 주지도 않고, 또 여섯 형제가 귤을 나눌 때 이 사람에게서 몇 분의 몇을 꺼내 저 사람에게 주고, 또 저 사람에게서 몇 분의 몇을 꺼내 다른 사람에게 주니 다들 처음에 몇 개씩 가졌는지 누가 알겠어?"

샤오베이가 미간을 찌푸리며 말했다.

"귤을 몇 개씩 나눠 가졌는지 알면 우리더러 계산하라고 하겠어? 일단 이 빙글나라에 왔으니 간단한 문제만 풀려고 하는 건 의미가 없어."

딩당은 웃으며 말했다.

"그럼 우리 어디서부터 시작해 볼까?"

샤오베이는 어쩔 수 없다는 듯 머리를 만지며 말했다.

"이 문제의 특징은 중간 과정이 조금 복잡하기는 해도 결과는 사실 아주 간단해. 각자 나눠 가진 귤의 숫자가 모두 같으니까 2520÷6=420개야."

딩당이 말했다.

"맞아! 문제를 해결할 때는 가장 간단한 것부터 생각해 보는 게 좋지. 하지만 그다음부터는 여전히 뒤죽박죽이어서 나는 못 풀겠어."

"이렇게 최후의 결과를 이미 아는 문제는 거슬러 올라가면서 해결해야 해."

딩당은 잠깐 생각해 보더니 말했다.

"그럼 한번 해 봐."

샤오베이가 말하자 딩당은 문제를 풀기 시작했다.

"마지막에 각 사람이 나눠 가진 귤의 숫자가 모두 같으니까 각 사람은 2520÷6=420개씩 귤을 가지고 있지. 그럼 먼저 첫째 아들이 원래 몇 개를 가졌는지 구해 보자. 각 사람이 원래 귤을 몇 개씩 가지고 있었는지는 마지막의 결과 중에서 다른 사람에게 받은 귤을 빼고 다른 사람에게 준 귤을 찾아오면 돼."

"바로 그거야!"

"여섯째 아들이 가진 귤 420개는 첫째 아들에게 $\frac{1}{3}$을 나눠 주고 남은 거니까 첫째 아들에게 주기 전에는 $420 \div \frac{2}{3}$=630개의 귤이 있었어. 첫째 아들에게 준 귤의 수는 630÷3=210개야."

"좋아! 여섯째 아들이 첫째 아들에게 준 귤의 수를 구해 냈어. 210개야."

딩당은 계속 계산했다.

"첫째 아들이 귤을 얻기 전에 귤은 420-210=210개가 있었고, 이 210개는 첫째 아들이 둘째 아들에게 $\frac{1}{8}$을 나눠 주고 남은 거니까 첫째 아들이 원래 가졌던 귤의 수는 $210 \div \frac{7}{8}$=240개야."

"좋았어! 첫째 아들이 원래 가졌던 귤의 수도 구했어. 240개야. 됐어. 이제 남은 둘째, 셋째, 넷째, 다섯째, 여섯째가 나눠 가진 귤의 수는 내가 해결할게."

샤오베이가 기뻐하며 말했다.

"둘째 아들이 첫째 아들에게서 30개를 받고 다시 셋째 아들에게 $\frac{1}{7}$을 나눠 준 다음 마지막으로 갖게 된 귤의 수는 420. 따라서 셋째 아들에게 주기 전에는 $420 \div \frac{6}{7} = 490$개야. 첫째 아들이 준 30개를 빼면 둘째 아들이 원래 가졌던 귤은 460개야."

샤오베이는 소매를 걷고 말했다.

"잘했어!"

딩당은 샤오베이를 응원했다.

샤오베이는 단숨에 셋째 아들이 434개, 넷째 아들이 441개, 다섯째 아들이 455개, 여섯째 490개인 것을 계산해 냈다.

"이제 이 숫자들을 빨리 동그라미 안에 써 봐."

딩당이 말했다. 샤오베이는 차례로 240, 460, 434, 441, 455, 490을 써 넣었다.

숫자를 써 넣자마자 금 사다리가 내려왔다. 샤오베이가 먼저 오르고, 딩당이 뒤따라 기어오르며 신이 나서 외쳤다.

"수학궁에서 가장 높은 층으로 올라가자!"

빙글나라의 사파리 공원은 빙글빙글 돌까?

딩당과 샤오베이는 금 사다리를 타고 수학궁 꼭대기까지 올라갔다. 도착해 보니 빙빙 총리가 딩당과 샤오베이를 기다리고 있었다. 큰 탁자에는 고기와 생선이 푸짐하게 차려져 있었다.

"오느라 수고 많았다. 빨리 앉아서 식사를 하게."

빙빙 총리가 빙그레 웃으며 말했다.

세 사람은 자리에 앉아 식사를 하기 시작했다.

"그래, 수학궁이 아직도 재미있나?"

빙빙 총리는 물었다.

"재미있어요. 수학궁을 구경하면서 지식이 많이 늘었어요."

딩당이 말했다.

"이렇게 큰 수학궁을 도대체 몇 명이 관리하는 거죠? 어떻게 된 일인지 저는 지금까지 한 명도 못 봤어요."

샤오베이가 물었다.

"수학궁을 관리하는 사람은 없어. 바로 저것이 수학궁 전체를 관리하지."

빙빙 총리가 손으로 뒤쪽을 가리키자 그곳에 작은 문이 열렸다. 문 안에는 큰 유리 덮개가 있고, 그 덮개 안에는 커다란 사람의 뇌가 있었다.

"어머나!"

샤오베이는 잘못 봤나 싶어서 자리에서 일어나 앞으로 몇 걸음 걸어갔다. 그것을 자세히 보고는 고개를 돌려 딩당에게 말했다.

"빨리 와서 봐 봐. 진짜 사람의 뇌야. 조금씩 살아 움직이는 것 같아!"

딩당도 호기심으로 가득 차서 그쪽으로 걸어갔다. 그리고 유리 덮개 주위를 빙 둘러 몇 바퀴 돌았다. 딩당이 머리를 만지며 말했다.

"정말 희한한데! 뇌밖에 없는데 어떻게 살아서 움직일 수 있을까?"

"하하. 감쪽같이 속았지. 이건 사람의 뇌가 아니고 전자 뇌, 그러니까 최첨단 컴퓨터인 바이오 컴퓨터야."

빙빙 총리가 말했다.

"바이오 컴퓨터가 어떻게 사람의 뇌와 똑같죠?"

샤오베이가 고개를 갸웃거리며 물었다.

"예전의 컴퓨터는 진공관에서 트랜지스터, 집적 회로, 초고밀도 집적 회로로 발전했어. 부피가 작아질수록 그 기능은 커졌지. 하지만 사람의 뇌와 비교하면 아직도 차이가 커. 그래서 우리는 사람의 뇌를 모방해서 이 바이오 컴퓨터를 만들었어. 단백질, 효소, 세포계 등 생물적인 부품으로 구성해 부피와 외형이 사람의 대뇌와 똑같아. 그러나 기능은 훨씬 좋단다."

빙빙 총리가 웃으며 설명했다.

"수학궁에는 방도 많고 또 방마다 신기한 장치들이 그렇게나 많은데 이 바이오 컴퓨터 한 대로 다 제어한다는 말인가요?"

딩당이 놀라며 물었다.

"그렇고 말고! 그리고 이 바이오 컴퓨터는 수학궁 전체를 제어할 뿐만 아니라 사파리 공원도 제어하지."

빙빙 총리는 고개를 끄덕이며 말했다.

"사파리 공원이요?"

샤오베이는 사파리 공원이라는 말을 듣고 정신이 들었다.

"우리 사파리 공원에 가 보자. 재밌겠는데!"

샤오베이는 작은 소리로 딩당에게 말했다.

"총리님, 저희가 사파리 공원에 가도 되나요?"

딩당이 말했다. 딩당이라고 놀고 싶지 않을까!

"당연히 가도 되지. 그런데……야생 동물들이 자유롭게 돌아다녀서 아주 위험한데."

빙빙 총리는 딩당을 살며시 쳐다보고는 말했다.

"하나도 두렵지 않아요! 위험이 있어야 탐험하는 재미도 있는 거죠. 빙빙 총리님, 저희에게 사냥총 두 자루만 주시겠어요?"

샤오베이는 자리에서 일어나 말했다.

"우린 사파리 공원에 가는 거지 수렵장에 사냥하러 가는 게 아니야! 총은 가져가서 뭘 하게?"

딩당은 급히 샤오베이를 막으며 말했다.

식사를 마친 딩당과 샤오베이는 사파리 공원으로 걸어갔다. 얼마 가지 않았을 때였다. 나무 뒤에서 샤오부뎬이 나타났다.

"형들, 수학궁도 들어가 봤는데 또 어디에 가요?"

샤오부뎬은 미소를 지으며 물었다.

"사파리 공원에 가."

딩당이 말했다.

"아, 거긴 정말 재미있는 곳이에요."

샤오부뎬은 말을 끝내며 뭔가 숨기는 듯한 눈으로 딩당과 샤오베이를 슬쩍 쳐다보았다.

"그래? 딩당, 우리 빨리 가자!"

샤오베이는 딩당을 잡아당기며 사파리 공원을 향해 달려갔다. 샤오부뎬은 둘을 향해 손을 흔들며 말했다.

"형들, 재미있게 노세요!"

그러고는 입을 가리고 키득거리며 웃기 시작했다.

마침내 사파리 공원이 모습을 드러냈다. 사방이 높은 담장으로 둘러싸였고, 철문 두 개가 굳게 닫혀 있었다. 철문에는 작은 문이 또 있는데 문에 다음과 같이 쓰여 있었다.

"이거 쉽지 않은걸?"

샤오베이는 그렇게 말하며 작은 문에 연필로 "도착할 수 없다."라고 썼다.

샤오베이가 글씨를 쓰자마자 '똑' 소리와 함께 작은 문이 열

렸다. 그리고 원숭이 한 마리가 뛰쳐 나오더니 샤오베이를 향해 이빨을 드러내 보이고 야생 열매 하나를 던졌다. '퍽' 하는 소리를 내며 열매가 샤오베이의 머리에 명중했다.

"아이고!"

샤오베이는 아파서 비명을 질렀다. 원숭이가 바로 작은 문으로 들어가자 작은 문은 곧바로 닫혀 버렸다.

"이런 나쁜 원숭이 같으니라고! 사람을 치다니."

샤오베이는 머리를 감싸고 말했다.

"방금 네가 쓴 답이 틀려서 원숭이가 때린 거야."

딩당은 문으로 걸어가 작은 문에 "도착할 수 있다."라고 썼다. 글씨를 쓰자마자 작은 문이 또 '똑' 소리를 내며 열렸고 원숭이가 머리를 내밀었다. 샤오베이는 옆에서 크게 외쳤다.

"머리 조심해!"

그러나 원숭이는 이번에는 야생 열매를 던지지 않았다. 대신 '지익' 소리와 함께 철문이 열렸다.

딩당과 샤오베이는 사파리 공원으로 들어갔다.

"야! 정말 드넓은 초원이구나!"

푸른 풀밭이 마치 녹색 카펫처럼 펼쳐져 끝이 보이지 않았고, 저 멀리 숲이 자리하고 있었다. 초원에는 영양과 얼룩말 무리가 있었다.

"우리 이제 어디로 가 볼까?"

딩당이 물었다.

"일단 어디로 갈지 묻지 말고 먼저 대답해 봐. 왜 도착점에 갈 수 있다고 한 거야? 10미터를 전진하고 10미터를 후퇴한 다음에 다시 20미터를 전진하고 20미터를 후퇴하면 얼마나 멀리 전진하든지 다시 그만큼 후퇴하니까 언제나 출발지로 돌아오게 되잖아. 그런데 어떻게 도착점에 갈 수 있다는 거야?"

샤오베이는 머리를 감싸며 말했다.

"원숭이가 말했듯이 10미터를 전진하고 10미터 후퇴했다가, 다시 20미터를 전진해서 20미터를 후퇴하고……이렇게 하면서

100미터 전진했을 때는 이미 도착점에 다다른 거잖아."

딩당이 풀어서 말했다.

"맞다! 원숭이가 100미터까지 걸어갔을 때는 이미 도착점에 간 거니까 다시 후퇴할 필요가 없지."

샤오베이는 고개를 끄덕이며 말했다.

갑자기 사자 울음소리가 들려 딩당과 샤오베이는 몹시 놀라서 달아났다. 소리가 들리는 곳을 돌아보니 수사자 한 마리가 있는 힘을 다해서 얼룩말 한 마리를 쫓아가고 있었다. 얼룩말은 딩당과 샤오베이가 있는 쪽으로 달려오고 있었다. 눈 깜짝할 사이에 얼룩말이 이미 둘의 눈앞까지 달려왔고 사자도 이어서 쫓아왔다.

"빨리 뛰어!"

샤오베이는 얼른 딩당을 잡아당겨 후다닥 도망쳤다. 사자는 얼룩말을 내팽개치고 딩당과 샤오베이를 쫓기 시작했다. 앞에 나무 한 그루가 나타나자 샤오베이와 딩당은 나무 꼭대기로 기어 올라갔다. 사자는 원래 나무 위로 올라올 수 있는데 어쩐 일인지 나무 주위를 한 바퀴 돌고는 가 버렸다.

"큰일 날 뻔했다. 하마터면 사자 밥이 될 뻔했잖아!"

샤오베이가 이마의 땀을 닦으며 말했다.

"아프리카 사파리 공원에서는 모두 자동차를 타고 가며 구경한다고 들었는데, 우리처럼 관람했다가는 사자 밥이 되는 건 시간문제겠어."

딩당이 말했다.

"어떻게든 차를 찾아야겠다. 저기 봐! 저기 작은 숲 안에 자동차가 한 대 있어!"

샤오베이는 이마에 손을 올려 햇빛을 가리고 사방을 둘러보더니 갑자기 큰 소리로 외쳤다. 두 사람은 나무 위에서 미끄러져 내려가 작은 숲으로 후다닥 달려갔다. 근처까지 달려가서 보니 정말 차가 한 대 놓여 있었다. 차 안에는 빵, 음료수, 과일 등 없는 것이 없었다. 샤오베이가 차 문을 당겼지만 잠겨 있었다. 그 차의 문에는 열쇠 구멍이 없고 이상한 식이 쓰여 있었다.

72×□□□=□679□

"이런! 보아하니 또 이 네모 안에 적당한 수를 넣어야 차 문이 열리겠는걸. 그런데 이 식에서 승수는 세 자리 수인데 한 자리 숫자도 알 수 없으니 어쩐담?"

샤오베이가 말했다.

"72는 분해할 수 있으니까 먼저 8×9로 해 보자."

딩당이 말했다.

"오른쪽의 다섯 자리 숫자는 8로 나눠떨어지니까 마지막 자리 수는 분명히 짝수야."

샤오베이가 깊이 생각하더니 말했다.

"꼭 짝수인 것만은 아냐. 한 수가 8로 나눠떨어지려면 마지막 세 자리 수도 반드시 8로 나눠떨어져야 해."

딩당이 말했다.

"그건 무슨 원리야?"

"모든 네 자리 이상의 수는 항상 두 수의 합으로 쓸 수 있는데, 그중 한 수는 마지막 세 자리 숫자가 모두 0이고 다른 한 수는 1000보다 작은 수야. 예를 들어서 78215는 78000+215로 쓸 수 있고, 이건 78×1000+215로 쓸 수 있다는 뜻이야."

"그다음에는?"

"1000÷8=125니까 네 자리 이상의 수 가운데 뒤의 세 자리가 모두 0인 수는 반드시 8로 나누어떨어져. 그래서 어떤 수가 8로 나누어떨어지는지를 마지막 세 자리가 결정하게 되는 거야."

"8×99=792. 아! 마지막 세 자리는 분명히 792야!"

"맞았어! 이 수는 9로도 나눠떨어지니까 각 자리의 수의 합도 반드시 9로 나눠떨어져야 해."

딩당이 말했다.

"내가 계산해 볼게."

샤오베이가 계산하기 시작했다.

□+6+7+9+2=□+24.

"24와 □를 더해서 이 합이 9로 나눠떨어지려면 네모 안에는 반드시 3을 넣어야 해. 따라서 오른쪽의 다섯 자리 수는 36792 야. 또 36792÷72=511이니까 등호 왼쪽의 세 자리 수는 511이 야."

샤오베이는 연필을 들고 네모 안에 써 넣었다.

72×5̲1̲1̲=3̲679̲2̲

샤오베이가 숫자를 써 넣자 '찰칵' 하며 차 문이 열렸다. 샤오베이와 딩당은 기뻐하며 차에 탔다.

샤오베이는 핸들을 잡고 말했다.

"내가 운전할게."

"너 운전할 수 있어?"

"초원에서 운전하니까 할 줄 몰라도 괜찮아."

샤오베이가 액셀을 밟자 차가 거세게 초원을 가로지르며 달렸다.

"하하하."

샤오베이는 초원에서 비뚤비뚤 차를 몰았다. 그래도 샤오베이와 딩당은 몹시 즐거웠다. 가는 길에 무리지어 있는 코끼리와 기린, 사자, 표범, 그리고 개코원숭이, 오랑우탄 등 많은 동물을 보았다.

얼마나 갔을까 큰 강이 샤오베이와 딩당의 길을 막았다. 강에는 아주 이상하게 생긴 하마와 사람 키 정도 되는 길이의 악어도 있었다. 그러나 샤오베이는 차를 세우고 싶은 마음이 없어 보였다. 계속 주위를 둘러보느라 샤오베이는 정신이 없었다.

"샤오베이, 빨리 멈춰!"

딩당이 급하게 외쳤다.

"응? 차를 멈추라고?"

샤오베이는 그 순간 발로 페달을 밟았지만 그만 액셀을 잘못 밟아 차는 더 빠른 속도로 앞으로 돌진했다. 때마침 커다란 하마 한 마리가 시뻘건 입을 벌리고 있었다. 차는 '슥' 하는 소리를 내며 하마의 큰 입속으로 들어가 버렸다. 하마가 곧바로 입을 닫자 주변은 아주 깜깜해졌다.

하마 입속에서 목숨을 건지다

"**어떡하지?** 우리 둘 다 하마 입속으로 들어와 버렸어!"

샤오베이가 물었다.

"괜찮아. 우린 자동차 안에 있으니까 차만 망가지지 않으면 괜찮을 거야. 샤오베이, 불 좀 켜 봐."

딩당은 샤오베이를 안심시키며 말했다. 샤오베이는 한참을 더듬거리더니 겨우 불을 켰다.

"전조등도 켜 봐."

딩당이 밖을 보며 말했다. 전조등을 켜자 두 개의 빛이 빠르게 뻗어 나가 하마의 입속은 곧 대낮같이 밝아졌다.

"정말 이상한데?"

딩당이 문을 열고 걸어나가며 말했다. 그러고는 손으로 하마 입속의 살을 만져 보고는 물었다.

"샤오베이, 이거 살 같아 보여?"

"플라스틱 같은데? 진짜 하마는 아닌 것 같아. 우리도 전에 동물원에서 하마를 본 적이 있지만 이렇게 큰 하마는 본 적이 없잖아?"

샤오베이도 만져 보더니 말했다.

"응. 진짜 하마 같지는 않고 플라스틱으로 만든 것 같아. 진짜든 가짜든 우리가 여기서 나갈 방법을 찾아보자. 시간이 지나면 우린 숨 막혀 죽을지도 몰라."

딩당이 말했다.

"딩당, 이게 뭔지 알아?"

샤오베이가 또 뭔가를 발견한 것 같아 딩당도 걸어가서 보았다. 수학 문제였다.

중국 고대의 구궁도

3×3 '구궁도'는 1에서 9까지의 숫자를 채워서 이루어진다. 특징은 가로로 더하든, 세로로 더하든, 대각선으로 더하든 모든 세 숫자의 합이 전부 같다는 것이다. A, B 그림 중의 어느 것이 '구궁도'인지 골라라.

A
9	8	7
2	1	6
3	4	5

✖

B
4	9	2
3	5	7
8	1	6

♥

딩당이 다시 자세히 보니 각 그림의 아래에는 버튼이 있었다.

"이 버튼은 아마 하마가 다시 입을 벌리도록 하는 걸지도 몰라. 내가 가서 눌러 볼게."

샤오베이가 앞으로 가며 말했다.

"잠깐! 너 어느 버튼을 눌러야 하는지 알아? 그리고 몇 번 눌러야 하는지 알아?"

딩당이 곧 가로막으며 말했다.

"아니, 몰라. 딩당, 그런데 너 '구궁도'가 뭔지 알아?"

샤오베이가 고개를 가로젓더니 딩당에게 질문을 했다.

"책에서 이런 내용을 본 적이 있어."

딩당은 고개를 끄덕이며 말했다.

"나한테 설명해 줄 수 있어?"

"기억나는 것만 설명해 줄게. 전설에 따르면 오래전에 하우(고대 중국 하나라의 시조)가 물을 다스릴 때 낙수(중국 황허 강의 지류)에 이르렀어. 그때 갑자기 물속에서 큰 거북 한 마리가 떠올랐는데 등에 기이한 그림이 그려져 있고, 그 그림에는 많은 동그라미와 점이 있었지. 그 동그라미와 점들이 어떤 뜻을 나타내는지는 모두 알지 못했어."

딩당이 말했다.

"정말 그 동그라미와 점들이 무슨 뜻인지 몰라?"

샤오베이가 급히 물었다.

"조급해하지 마. 세상에는 늘 관찰과 분석을 잘하는 사람이 있게 마련이거든. 사람들은 동그라미는 홀수, 점은 짝수를 나타낸다는 것을 발견했어. 게다가 격자무늬의 아홉 개 칸에 있는 동그라미와 점들이 1에서 9까지 자연수를 나타낸다는 것도 알아냈어. 또 어떤 사람은 연구를 더 많이 해서 거북의 등에 있는 자연수 9개를 3×3의 정사각형 격자에 써 넣고는 가로로 세 숫자를 더하든, 세로로 세 숫자를 더하든, 대각선으로 세 숫자를 더하든 간에 각각의 합이 모두 상수 15와 같다는 것을 발견했어. 예를 들어 4+9+2=15, 9+5+1=15, 4+5+6=15 이렇게 말이야."

딩당이 말했다.

"앗 알았다! B가 바로 '구궁도'야."

샤오베이는 신 나서 말했다.

"맞아! 고대에는 이런 그림을 '종횡도' 또는 '구궁도'라고 불렸고, 외국에서는 마방진(magic square)이라고 불렀지. 그리고 이 상수를 '마방진 상수'라고 해. B는 3×3의 격자로 구성된 3차 마방진이고, 마방진 상수는 15야."

당당의 설명을 들은 샤오베이는 뭔가 생각에 잠기는 듯하더니 크게 소리쳤다.

"B의 버튼을 15번 누르면 되지 않을까?"

"그거 일리 있는데? 그렇게 하자!"

당당은 힘차게 샤오베이의 어깨를 두드렸다.

"내가 한번 해 볼게."

샤오베이는 B의 버튼을 15번 눌렀다. 마지막으로 버튼을 누르자 '후' 하는 소리와 함께 하마의 입이 다시 열렸다.

"하하, 이제 살았다!"

샤오베이는 당당을 잡고 하마의 큰 입을 빠져나왔다.

"당당, 너 정말 책 많이 읽었구나. 아는 것도 많고, 아무리 어떤 어려운 일도 너를 쓰러뜨리진 못할 거야."

샤오베이는 당당과 비교해 그동안 자신은 책을 너무 읽지 않았다는 사실을 깨달았다.

"그렇지 않아. 내가 책을 몇 권이나 읽었다고 그러니? 하지만 어쨌든 교과서 말고도 책을 많이 읽으면 확실히 도움이 되는 것 같아."

당당은 고개를 저으며 말했다. 그때 샤오베이가 불쑥 고개를 돌리더니 "엄마야!" 하고 놀라서 소리를 질렀다. 딩당도 돌아보니 큰 악어 한 마리가 느릿느릿 이쪽으로 기어오고 있었다.

"겁내지 마! 저 악어도 로봇일 거야. 사람을 물진 않겠지."

딩당은 웃으며 말했다. 그러면서 악어 쪽으로 다가갔다. 악어가 입을 벌리자 딩당은 발을 악어 입속으로 뻗어 보았다. 그 순간 악어가 입을 꽉 다물자 딩당은 "아이고!" 하고 비명을 질렀다. 샤오베이가 얼른 다가와서 딩당을 반대쪽으로 끌어당겼지만, 악어는 딩당의 발을 꽉 물고는 놓아 주지 않았다. 양쪽 다 한치의 양보 없이 대치하고 있을 때 갑자기 어디선가 키득키득 웃는 소리가 들렸다.

"큭큭, 수학 1등이 악어 먹이가 되었네요."

샤오부뎬이 나무에 앉아 박수를 치며 말하는 소리였다.

"이 말라깽이 원숭이 같으니! 사람이 죽는데도 구하러 오지 않고 남의 불행을 즐거워하다니!"

샤오베이는 화가 단단히 나서 크게 소리를 질렀다.

"잠깐은 괜찮아요."

샤오부뎬은 이렇게 말하고는 나무에서 미끄러져 내려와 악어의 등을 쳤다. 그러자 등이 갈라지며 틈이 생겨났다. 그 틈에서 카드 한 장이 튀어나왔다.

"카드에 있는 문제만 잘 맞히면 악어는 딩당 형을 놔 줄 거예요."

샤오부뎬은 샤오베이에게 카드를 건네주며 말했다. 샤오베이는 카드의 문제를 보았다.

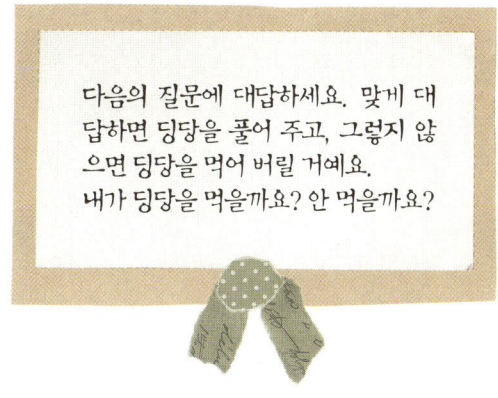

"그게……. 네가 먹을지 안 먹을지 어떻게 알겠어? 난 당연히 네가 딩당을 먹지 않길 바라지!"

샤오베이는 머리를 만지며 말했다.

"잘 생각하고 카드에 써야 해요!"

샤오부뎬이 말했다. 샤오베이는 연필을 꺼내서 쓰려고 했다.

"잠깐 기다려!"

딩당이 카드를 황급히 낚아채서 보고는 카드에 또박또박 썼다.

"너는 딩당을 먹을 것이다."

샤오베이가 카드를 흘깃 보고는 놀라서 딩당에게 말했다.

"너 미쳤어? 어떻게 악어더러 널 먹으라고 해?"

딩당은 샤오베이에게 악어의 등에 난 틈 사이로 카드를 넣어 보라고만 했다. 이상하게도 샤오베이가 카드를 막 틈 안으로 집어넣자 악어가 바로 입을 열었다. 딩당을 구하기는 했지만 샤오베이는 머릿속이 혼란스러웠다.

"'너는 딩당을 먹을 것이다.'라고 썼는데 왜 악어가 너를 풀어 줬지?"

샤오베이가 물었다.

"카드에 맞게 대답하면 나를 풀어 준다고 쓰여 있었잖아. 만약 카드에 '너는 딩당을 먹지 않을 것이다.'라고 썼으면, 악어는 즉시 나를 먹어 버리고는 '어때요. 대답이 틀렸죠? 당신은 내가 딩당을 먹지 않을 것이라고 했지만 내가 딩당을 지금 먹어 버렸으니 당신의 대답이 틀렸다는 것을 증명하기에 충분해요.'라고 말했을 거야. 그래서 '먹지 않을 것이다.'라고 쓰면 반드시 먹혀 버린다고."

딩당이 설명해 주었다.

"그럼 왜 '너는 먹을 것이다.'라고 썼는데 오히려 너를 풀어 줬지?"

샤오베이가 물었다.

"'너는 먹을 것이다.'라고 썼는데 악어가 정말로 나를 먹으면 내가 맞게 답을 쓴 것이 돼. 카드에 분명히 맞게 쓰면 나를 풀어 줘야 하니까 이 상황에서는 악어가 나를 먹을 수가 없어."

딩당이 말했다.

"'너는 먹을 것이다.'라고 썼는데 악어가 너를 풀어 줬다면 결국 네가 대답을 틀리게 쓴 거 아니야?"

샤오베이가 다시 물었다.

"그래. '너는 딩당을 먹을 것이다.'라고 쓰기만 하면 악어는 나를 먹어도 틀리고, 먹지 않아도 틀리게 돼서 완전히 자기모순에 빠지게 되어 있어. 결국, 나를 풀어 줄 수밖에 없지."

딩당은 웃으며 말했다.

"정말 대단해!"

샤오베이는 두 손을 들어 양쪽 엄지손가락을 치켜세우고는 딩당이 대답을 옳게 한 것을 칭찬했다.

"여기 동물들은 모두 가짜야? 인조 동물이지?"

샤오베이는 샤오부뎬에게 물었다.

"당연히 모두 가짜죠. 여기 있는 모든 동물은 수학궁 꼭대기에 있는 바이오 컴퓨터가 조종하는 거예요."

샤오부뎬이 고개를 끄덕이며 말했다.

"딩당 형, 샤오베이 형! 빙빙 총리님이 형들을 급하게 찾아요."

원원과 방방이 함께 코끼리 한 마리를 타고 와서는 말했다.

'빙빙 총리가 무슨 급한 일이 있어서 우리를 찾을까?'

딩당은 속으로 생각했다.

즐거움의 길일까? 근심의 길일까?

"빙빙 총리님은 어디에 계시니?"

샤오베이가 물었다.

"형들, 동쪽으로 쭉 가면 돼요."

방방이 손으로 가리키며 말했다.

딩당과 샤오베이는 가로수가 우거진 길을 따라 동쪽으로 갔다. 얼마 못 가 샤오베이의 배에서 '꼬르륵' 소리가 났다. 곧이어 딩당의 배에서도 '꼬르륵' 소리가 났다. 그러고 보니 딩당과 샤오베이는 거의 온종일 아무것도 먹지 못했다.

"빙빙 총리님을 만나면 맛있는 게 있을 거야."

딩당이 웃으면서 말했다. 샤오베이는 고개를 끄덕였다.

얼마 더 가자 앞에 큰 문이 나타났다. 문에는 '즐거움의 길과 근심의 길'이라고 쓰여 있고, 다음과 같이 쓰인 팻말이 있었다.

즐거움과 근심은 쌍둥이 형제와 같아서 어떤 일에든 늘 즐거움과 근심이 있게 마련입니다. 당신이 머리를 기꺼이 움직여 어려움을 두려워하지 않고 끊임없이 노력한다면 즐거움을 얻을 것입니다. 그러나 머리를 쓰기 귀찮아하고 편안한 것만 찾는다면 근심이 당신을 찾아올 것입니다. 당신이 즐거움의 집을 걷게 되기를 바랍니다.

"정말 신기한걸? 내가 이만큼 크는 동안에 이런 길이 있다는 건 한 번도 들어보지 못했는데. 자, 우리 즐거움의 길로 가자."

샤오베이가 두 눈을 크게 뜨며 말했다.

"즐거움만 찾으려고 하다가는 근심만 많이 불러오게 돼. 게다가 지금 빙빙 총리님이 우릴 급하게 찾고 있으니 빨리 가자."

딩당은 고개를 갸웃거리며 말했다. 그러나 이 문을 꼭 통과해야만 길을 계속 갈 수 있고, 다른 길은 없었다.

"됐어. 보아하니 이 즐거움과 근심의 길은 아무래도 피해 갈 수 없는 거 같아. 어쩔 수 없이 가야 해."

샤오베이는 말을 마치고 곧장 큰 문으로 걸어갔다. 딩당도 따라서 앞으로 걸어갔다. 큰 문으로 들어가자 양쪽에 로봇이 하나씩 서 있었다. 로봇들은 두 손에 꽃을 들고 크게 외쳤다.

"샤오베이를 환영합니다! 딩당을 환영합니다!"

앞에는 두 갈래 길이 있었는데 말할 것도 없이 하나는 즐거움의 길이고, 다른 하나는 근심의 길이었다. 그런데 어느 쪽이 즐거움의 길인지 알 수 없었다.

"어디로 가야 즐거움을 얻을 수 있죠?"

샤오베이는 두 로봇에게 물었다.

"오른쪽 길로 가세요."

왼쪽의 로봇이 말했다.

"왼쪽 길로 가세요."

오른쪽 로봇이 말했다.

"흠, 두 로봇이 서로 반대로 말하는데 누구 말이 맞는 거 같니?"

샤오베이는 고개를 돌려 딩당에게 물었다. 딩당은 마침 작은 팻말을 보고 있었다. 팻말에는 다음과 같이 쓰여 있었다.

이 두 로봇 중 하나는 참말만 하고, 거짓말은 하지 않습니다. 다른 하나는 거짓말만 하고, 참말은 하지 않습니다.

"이 두 로봇이 똑같이 생겼는데 누가 참말을 하는지 어떻게 알겠어?"

샤오베이가 머리를 긁적이며 말했다.

"보아하니, 즐거움의 길은 결코 쉽게 찾을 수 없겠는걸."

딩당이 말했다. 샤오베이는 잠시 골똘히 생각하더니 말했다.

"방법이 있어. 내가 두 로봇에게 물어볼게."

샤오베이는 먼저 왼쪽의 로봇에게 물었다.

"당신은 참말만 하나요?"

"예, 저는 참말만 해요."

왼쪽의 로봇이 고개를 끄덕이며 말했다.

"당신은 거짓말만 하나요?"

이번에는 고개를 돌려 오른쪽의 로봇에게 물었다.

"아니요. 저는 참말만 합니다."

오른쪽의 로봇이 고개를 저으며 말했다.

"뭐야? 둘 다 참말만 한다니. 설마 내가 거짓말만 한다는 거야? 이런 경우가 어디 있냔 말이야. 이럴 땐 어떡하냐?"

샤오베이는 화를 내며 말하다가 딩당에게 물었다.

"이렇게 직접 물어보는 것은 안 되겠어. 내가 해 볼게."

딩당이 말했다.

"만약 오른쪽 로봇이 '어느 길로 가야 즐거움을 얻을 수 있나요?'라는 질문에 대답한다면 그 로봇은 어떻게 말할까요?"

딩당은 왼쪽의 로봇 앞으로 가서 물었다.

"그 로봇은 '왼쪽 길로 가야 해요.'라고 대답할 거예요."

왼쪽의 로봇이 말했다.

"우린 오른쪽 길로 가야 해."

딩당은 오른쪽을 가리키며 말했다.

샤오베이는 머릿속이 뒤죽박죽이 되었다.

"왜 오른쪽으로 가야 한다고 확신하는 거야?"

샤오베이가 얼른 딩당에게 물었다.

"사실, 지금까지 나도 어느 로봇이 거짓말을 하는지 잘 몰라. 하지만 그 로봇의 대답은 분명히 거짓말이야."

딩당은 샤오베이를 잡아서 함께 걸어가며 설명해 주었다.

"어째서?"

샤오베이는 들으면 들을수록 복잡해졌다.

"오른쪽의 로봇이 참말을 하고 왼쪽의 로봇이 거짓말을 한다고 생각해 봐. 그러면 왼쪽의 로봇이 '오른쪽의 로봇은 '왼쪽 길로 가야 해요.'라고 대답할 거예요.'라고 한 대답이 거짓말이니까 참말은 오른쪽 길로 가야 한다는 거야."

"너 왼쪽의 로봇이 거짓말을 하는지는 모른다고 했잖아."

"그래. 이번에는 오른쪽의 로봇이 거짓말을 하고 왼쪽의 로봇이 참말을 한다고 생각해 봐. 그러면 왼쪽 로봇의 대답은 분명히 참말이야. 하지만 오른쪽 로봇이 '왼쪽 길로 가야 해요.'

라고 말하는 건 거짓말이니까 역시 오른쪽 길로 가야 해."

샤오베이가 따지듯 묻자 딩당이 차분히 설명했다.

"맞다. 이 길은 분명히 즐거움의 길이네. 우리 둘 다 배가 고프니까 마침 먹을 게 생기잖아."

앞에 식당이 나타나자 샤오베이는 기뻐하며 말했다. 그러나 식당의 유리문은 굳게 닫혀 있었다. 유리 너머 안쪽에 큰 탁자가 놓여 있는 것이 보였고 고기와 생선들이 가득 놓여 있어 둘은 군침이 돌았다. 하지만 문을 열 수가 없어서 샤오베이는 조급한 마음에 계속 이리저리 발만 굴렀다. 그러던 중에 갑자기 '찰칵' 소리와 함께 문틈으로 작은 카드 한 장이 튀어나왔다.

당신이 방글나라의 1천 가구 중에 적어도 두 집의 밥그릇 수가 같다는 것을 증명할 수 있으면 식당에 들어와서 식사할 수 있습니다.

"정말 귀찮네! 배가 고파 죽겠는데 문제를 풀라니. 어느 집의 밥그릇 수가 같은지 어찌 알겠어? 집마다 세어 볼 수도 없고."

샤오베이는 기분이 나빠져서 말했다.

"네가 정말 일일이 세어 봐서 알아내더라도, 그건 증명한 게 아니니까 저걸 먹을 수 없어."

딩당은 웃으며 말했다.

"이게 어떻게 수학 문제야? 수학 문제 중에 밥그릇 수가 같은지 증명하는 게 어디 있냐?"

샤오베이는 눈앞의 맛있는 음식들을 먹지 못하게 되자 기운이 쭉 빠져 버렸다.

"이건 논리야. 논리는 수학에서 아주 중요해. 영국의 철학자 루소는 '수학은 논리 더하기 부호다.'라고 말했어."

딩당이 말했다.

"사람은 먹는 게 가장 중요해. 일단 논리는 상관하지 말고 들어가서 배를 채울 생각 좀 하자."

샤오베이는 정말 배가 고파 죽을 지경이었다.

"한번 생각해 봐. 보통 가정에 밥그릇이 몇 개나 되겠어?"

"밥그릇 수는 그 집의 식구 수와 관계가 있지. 4대가 함께 사는 대가족이라고 해도 30명 정도면 충분할 테고, 한 사람당 밥그릇이 세 개 정도라고 계산하면 한 100개 정도면 될 거야. 그런데 그건 물어서 뭐하게?"

샤오베이는 호기심 어린 말투로 물었다.

"난 지금 이 문제를 증명하고 있어! 만약 빙글나라에서 1천 가구 중 밥그릇 수가 같은 가구가 없다고 해 보자. 그럼 1천 가구를 밥그릇 수에 따라 쭉 나열할 수 있을 거야. 밥그릇이 한 개인 가구, 두 개인 가구, 세 개인 가구······. 한 가구에 많아야 100개까지 그릇이 있을 수 있으니까 밥그릇 수가 다른 가구를 기껏해야 100개까지 나열할 수 있어. 이건 가설과 모순이 되잖아. 가설이 성립하지 않으니까 적어도 두 집의 밥그릇 수는 같다는 것을 설명할 수 있어."

"이거 간접증명법(귀류법)*이잖아?"

샤오베이가 알겠다는 듯 재빨리 카드 뒤에 증명 방법을 써서 문틈으로 다시 집어넣었다. 곧바로 유리문이 자동으로 열렸다. 식당에 들어간 둘은 허리띠를 풀고 마음껏 먹었다.

"이제 좀 살겠네. 여긴 즐거움의 길인가 봐."

샤오베이는 기분이 좋아서 말했다.

"즐거움만 있고 근심이 없을 수는 없어."

딩당이 고개를 저으며 말했다. 딩당과 샤오베이는 계속 앞으로 걸어갔다. 얼마쯤 갔을 때 벽 하나가 두 사람의 길을 가로막았다. 벽에는 문이 네 개 있고, 순서대로 1에서 4까지 번호가 매겨져 있었다. 그리고 옆에 다음과 같은 글귀가 적혀 있었다.

> 이 네 개의 문 중 세 개는 가짜입니다. 문은 1번부터 순서대로 열어야 합니다. 당신이 예상하지 못했던 문에는 사람을 잡아먹는 늑대가 한 마리 있습니다. 문을 열어 보세요!

간접증명법(귀류법) *
명제의 결론을 부정해서 모순을 유도함에 따라 주어진 명제가 참이라는 것을 증명하는 방법이다.

샤오베이는 늑대가 있다는 말에 다리에 힘이 풀려 버렸다.

"우리 아무래도 돌아가는 게 좋겠어. 일부러 근심거리를 찾지는 말자."

샤오베이가 걱정스런 목소리로 딩당에게 말했다.

"지나온 길을 다시 갈 수는 없어. 헤쳐 나가야지."

"사람을 잡아먹는 늑대가 있다고 하잖아!"

"우리가 그깟 늑대 한 마리쯤 못 당해 내겠어?"

딩당의 결심은 샤오베이에게 많은 용기를 주었다. 샤오베이는 나무 막대기 하나를 찾아서 딩당에게 쥐어 주었다.

"딩당, 문 열어 봐!"

샤오베이가 한 손에 큰 돌멩이를 들고 말했다.

"우린 늑대를 끌어내려고 온 게 아니잖아. 뭐 하러 그렇게 긴장해? 먼저 늑대가 어느 문에 있을지 생각해 보고 나서 문을 열자. 만약 1번 문을 열면서 속으로 '이 문에는 반드시 늑대가 있을 거야.'라고 생각한다면 결과는 어떻게 될까? 늑대는 생각하지 못한 문 안에 숨어 있다고 했으니까 1번 문에는 늑대가 없겠지?"

딩당이 말했다.

"그거야! 내가 2번 문을 열면서 속으로 '2번 문에는 늑대가 있을 거야.'라고 생각하면 2번 문에도 늑대가 없겠지. 됐어! 내가 문을 열 때마다 속으로 '이 문에는 늑대가 있을 거야.'라고 생각하면 어느 문을 열어도 늑대가 나오지 않을 거야. 그래! 늑대는 애초에 없었어."

샤오베이가 이어서 말했다.

"정말 그럴까?"

딩당은 조금 망설였다.

샤오베이는 용기를 내어 1번 문 앞으로 가서 큰 소리로 말했다.

"1번 문에는 늑대가 있다!"

그러고는 동시에 문을 힘껏 잡아당겼다. 안에는 역시 벽이었다.

"내 생각이 맞았지? 늑대가 있다고 말하니까 안에는 정말 없잖아."

샤오베이는 고개를 돌려 하하 웃으며 딩당에게 말했다. 그러고는 2번 문으로 가서 또 큰 소리로 말했다. 동시에 문을 힘껏 잡아당기자 안에서 검은 그림자 하나가 휙 하고 뛰쳐나와 샤오베이를 덮치고 바닥에 쓰러뜨렸다. 샤오베이가 정신을 차리고 보니 커다란 늑대였다.

샤오베이와 늑대는 뒤얽혀서 싸웠다. 싸움이 끝날 줄을 모르고 있을 때 누군가가 외치는 소리가 들렸다.

"이런 짐승 같으니, 빨리 이리 오지 못해!"

그 소리에 늑대는 얌전하게 그 사람의 옆으로 달려갔다. 샤오베이가 고개를 들어 보니 원원이었다.

"정말 미안해요. 놀라게 해 드렸네요."

원원은 웃으며 말했다.

"너희 빙글나라는 어떻게 말도 안 지켜? 분명히 예상하지 못했던 문에서 늑대가 나타난다고 했잖아. 내가 2번 문에는 늑대가 있다고 말하면서 문을 열었는데 어떻게 정말로 늑대가 나올 수 있어? 내가 이미 늑대가 있을 거라고 예상했는데."

샤오베이는 일어나서 화를 내며 말했다.

"형 말대로라면 과연 네 개의 문 안에 늑대가 있을까요?"

원원이 물었다.

"없지!"

"그럼 맞잖아요! 형은 이 네 개의 문 안에 모두 늑대가 없을 거라고 예상했는데, 갑자기 한 마리가 뛰쳐나왔으니까, 이게 바로 생각지도 못한 문에서 나온 거잖아요?"

"그게……."

샤오베이는 정말 이렇게까지 문제를 한 바퀴 돌려서 낼 줄은 생각지도 못했다.

"샤오베이 형, 잘 보세요. 이건 제가 기르는 셰퍼드예요."

세 사람은 꼬리를 흔드는 셰퍼드를 보며 한바탕 크게 웃었다.

비밀 설계도를 찾아라

딩당과 샤오베이는 마침내 빙빙 총리를 만났다.

"우리가 막 연구 개발에 성공한 레이저 홀로그램 TV 설계 도면과 실험 데이터가 어젯밤에 도난을 당했어. 현장에는 이 편지 한 장만 남아 있었고."

총리는 두 사람에게 엄숙하게 말하고는 딩당에게 편지를 건네주었다.

편지를 읽은 딩당은 어안이 벙벙해져서 말했다.

"도대체 누가 이런 편지를 보낸 거지요?"

"이번 일을 두 사람이 저지른 게 아니라는 것을 나도 믿는다. 그런데 범인은 왜 두 사람을 모함하려고 했을까?"

빙빙 총리가 말했다.

편지에는 다음과 같이 쓰여 있었다.

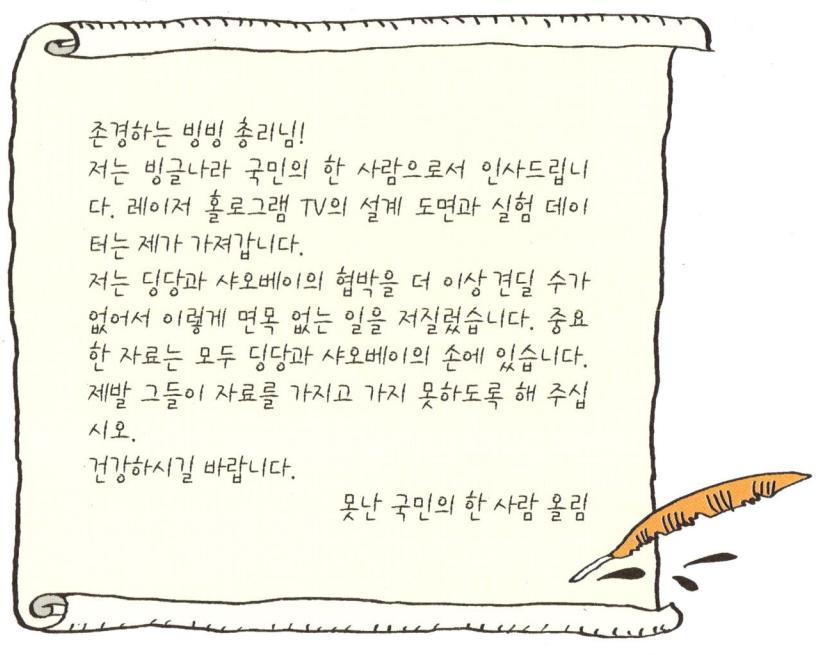

존경하는 빙빙 총리님!
저는 빙글나라 국민의 한 사람으로서 인사드립니다. 레이저 홀로그램 TV의 설계 도면과 실험 데이터는 제가 가져갑니다.
저는 딩당과 샤오베이의 협박을 더 이상 견딜 수가 없어서 이렇게 면목 없는 일을 저질렀습니다. 중요한 자료는 모두 딩당과 샤오베이의 손에 있습니다. 제발 그들이 자료를 가지고 가지 못하도록 해 주십시오.
건강하시길 바랍니다.
　　　　　　　　　　　　못난 국민의 한 사람 올림

"어느 나쁜 놈이 이렇게 비열한 짓을 했지? 도리어 우리에게 누명을 씌우다니, 어림도 없어!"

샤오베이도 편지를 읽고는 화를 냈다.

"모함이에요? 이건 아무것도 아니에요! 가면 쓴 사람들이 길에서 납치를 하지 않나, 돌방에 가두질 않나, 또 하마 뱃속에 들어가서 숨이 차 죽을 뻔하기도 하고, 셰퍼드에게 물릴 뻔도 하고……. 이게 모두 빙글나라가 한 짓 아니에요? 게다가……."

샤오베이가 분을 삭이지 못해 이어서 눈을 부릅뜨고 말했다.

"샤오베이!"

딩당이 샤오베이의 말을 잘랐다.

"아, 우리가 대접을 소홀히 해서 많은 잘못을 저질렀구나. 딩당과 샤오베이가 양해해 주길 바란다. 그런데 이번에 분실한 자료는 정말 중요한 거라 두 사람이 찾아 주었으면 해."

빙빙 총리는 미안한 마음이 가득한 얼굴로 말했다.

"총리님, 걱정하지 마세요. 저와 샤오베이가 빙글나라에 폐를 끼쳤으니 이번 일은 저희가 힘을 다해 해결해 볼게요."

샤오베이는 화를 내며 몇 번이나 뿌리쳤지만 딩당이 재빨리 말을 받아서 말했다.

"고맙군! 경호 대장이 두 사람을 사건 현장으로 데려가서 조사할 수 있게 도와줄 거야."

빙빙 총리가 일어나서 말했다. 가는 내내 샤오베이는 고개를 숙이고 입을 삐쭉대며 줄곧 앞만 보며 걸었다. 딩당은 샤오베이가 화가 머리끝까지 난 것을 알고 샤오베이에게 아무 말도 걸지 않았다.

경호 대장은 딩당과 샤오베이를 큰 빌딩 앞으로 데려갔다. 빌딩 입구에는 '신기술 연구 센터'라고 쓰인 큰 팻말이 걸려 있었다. 3층에 올라가 보니 문이 활짝 열린 방 앞을 병사 한 명이 지키고 있었다.

"설계 도면과 자료는 원래 이 금고 안에 있었습니다."

경호 대장은 녹색 금고를 가리키며 말했다.

딩당이 금고의 문을 열어 보니 안에는 아무것도 없었다. 좀 더 자세히 금고를 살펴보던 딩당은 문득 금고 문의 아래에 작은 녹색 테이프가 붙어 있는 것을 발견했다. 테이프를 떼어 보니 안에 작은 종이쪽지가 숨겨져 있었다. 거기에는 글이 빽빽하게 쓰여 있었다.

> 딩당, 물건은 이미 어떤 사람에게 주었다. 그 사람을 찾아내는 방법을 알려 주겠다. 내일 오전 9시에 빙글나라의 중심부에 있는 기차역에서 기차가 출발할 것이다. 이 기차의 길이는 90미터이고, 한 사람이 철로 변에서 기차와 같은 방향으로 걸어갈 것이다. 이 사람은 한 시간에 4킬로미터를 움직인다. 기차의 앞부분이 이 사람과 나란히 있다가 끝 부분까지 이 사람을 지나쳐 가는 데 8초가 걸린다. 이어서 이 기차가 같은 방향으로 걸어가는 또 한 사람을 지나가는 데 9초가 걸리는데, 이 두 번째 사람이 바로 당신이 찾으려는 그 사람이다.

"귀신이 곡할 노릇이군! 이놈은 아주 마음을 단단히 먹고 우리를 괴롭히려나 봐! 우리가 기차를 쫓게 해 놓고는 옆에서 우리가 어떻게 속는지 보려는 속셈이군. 흥!"

샤오베이가 쪽지를 보고 발을 동동 구르며 말했다.

"우리를 속이려는 것이든 아니든 상관없어. 어쨌든 다른 단서가 없으니까 일단 가서 보자."

딩당은 잠시 생각하고는 말했다.

"설계 도면과 데이터가 두 번째 사람의 손에 있으니까 우리가 찾는 건 두 번째 사람인데, 쪽지에 첫 번째 사람 얘기는 왜 꺼냈지?"

샤오베이가 갑자기 의문을 하나 제기했다.

"그 말 참 잘 꺼냈어! 나도 그 점을 계속 생각하고 있었거든. 쪽지에는 기차의 속도가 안 나와 있고, 첫 번째 사람의 속도만 알려 주었으니까 우리가 첫 번째 사람의 속도에서 문제를 풀어 나가면 기차의 속도를 알 수 있을 거야."

딩당이 샤오베이를 칭찬하며 말했다.

"맞아! 기차의 속도만 알면 두 번째 사람의 속도를 알 수 있겠지. 그게 바로 우리가 알려고 하는 거니까."

샤오베이는 고개를 끄덕이며 말했다.

"그래! 샤오베이, 이번에는 네가 빙글나라에 괜히 온 게 아니구나. 실력이 많이 늘었어."

딩당이 다시 한 번 샤오베이를 칭찬했다.

"좋아, 내가 기차의 속도를 구해 볼게. 우리가 학교에서 배운 걸 생각해 보면 속도는 거리를 시간으로 나눈 거야. 이 기차의 길이는 90미터고, 첫 번째 사람의 속도가 시속 4킬로미터지. 기차의 앞부분이 첫 번째 사람과 나란히 있다가 끝 부분까지 이 사람을 지나쳐 가는 데 8초가 걸렸다고 했어. 여기서 어떤 게 거리고 어떤 게 시간이지? 90÷8은 또 무슨 뜻이야……?"

샤오베이는 더욱 의기양양해져서 말하다가 여기까지 해 놓고 말이 막혔다.

"기차의 속도는 반드시 첫 번째 사람보다 빨라. 얼마나 빠를까? 기차는 첫 번째 사람보다 $90÷8=\frac{45}{4}$m/s 빨라."

딩당이 문제를 되짚어가며 말했다.

"이제 알겠어. 기차의 속도는 $4+\frac{45}{4}$구나."

샤오베이가 말했다.

km/h와 m/s*

km/h는 시속을 나타내고 m/s는 초속을 나타낸다.
시속은 1시간을 단위로 해서 잰 속도로, 1시간 동안 이동한 거리로 나타낸다. 초속은 1초를 단위로 해서 잰 속도로, 1초 동안 이동한 거리로 나타낸다.
그러므로 1초에 1미터를 간다면 초속 1미터로 표시하며, 이것을 시속으로 환산하면 60초에 60분을 곱해 3600미터이다.

"아니야. 이 두 숫자의 단위가 달라. 사람이 걸어가는 속도는 단위가 km/h*이고, 기차의 속도는 m/s*야. 이 둘을 직접 더하면 안 돼. 사람의 속도 단위를 m/s로 바꿔야 하지."

딩당은 얼른 샤오베이의 말을 가로막으며 말했다.

"첫 번째 사람의 속도는 $4000÷3600=\frac{10}{9}$m/s니까 기차의 속도는 $\frac{45}{4}+\frac{10}{9}=\frac{445}{36}$m/s야."

딩당은 속도를 환산하기 시작했다.

"기차의 길이는 90m이고 이 기차가 기차와 같은 방향으로 걸어가는 두 번째 사람을 지나가는 데 9초가 걸렸으니까 기차의 속도와 두 번째 사람의 속도 차이는 $\frac{90}{9}$=10m/s야. 그럼 두 번째 사람의 속도는 $\frac{445}{36}$-10=$\frac{85}{36}$m/s=8.5km/h야!"

샤오베이도 지기 싫어서 딩당에 이어서 계산했다.

"맞아! 우리, 빙빙 총리님에게 가서 속도를 알 수 있는 자전거를 달라고 하자."

딩당은 빙빙 총리에게 속도를 알 수 있는 자전거를 받았다.

이튿날 아침, 딩당과 샤오베이는 일찌감치 빙글나라 중심부에 있는 기차역에 도착했다. 9시가 되자 기차가 출발했다. 딩당과 샤오베이는 자전거를 타고 기차와 나란히 달리기 시작했다. 길에는 사람이 매우 적어서 사람들을 만날 때마다 그들과 같이

얼마 동안 같은 속도로 갔다. 자전거의 속도계를 통해서 사람들의 속도를 알 수 있었다. 딩당과 샤오베이가 만난 세 번째 사람은 한 아이였는데, 속도가 8.5km/h였다.

"애야, 너 우리에게 줄 물건이 있지 않니?"

딩당은 자전거에서 내려 아이를 막아서며 말했다.

"형이 딩당인가요?"

아이의 물음에 딩당은 고개를 끄덕였다.

"어떤 사람이 저더러 형한테 이걸 주라고 했어요. 그런데 자기 생김새는 말하지 말라고 했어요."

아이는 배낭에서 종이 가방을 꺼내 딩당에게 건네주며 말했다. 말을 마친 아이는 고개를 갸우뚱하고는 가 버렸다.

딩당이 종이 가방을 열어 보니 설계 도면과 실험 데이터가 모두 들어 있었다.

"와! 전부 찾았다!"

샤오베이가 기뻐하며 말했다.

"이번 일은 대체 누가 저지른 걸까?"

딩당은 혼잣말을 했다.

"얄미운 샤오부뎬! 분명히 그 녀석이 한 짓일 거야."

샤오베이는 공중을 향해 힘껏 주먹을 휘둘렀다. 하지만 딩당은 고개를 저었다.

샤오부뎬의 교묘한 술책에 속다

딩당과 샤오베이는 레이저 홀로그램 TV의 설계 도면과 실험 데이터를 찾았다. 이번 일은 도대체 누구의 짓일까?

"분명히 샤오부뎬이야! 분명하다니까. 딩당, 어서 가서 그 녀석과 결판을 내자!"

샤오베이는 주먹을 휘두르며 말했다.

두 사람은 즉시 샤오부뎬의 집으로 갔다. 문은 잠겨 있고, 문틈에 종이쪽지가 끼워져 있었다.

"도둑이 제 발 저린다더니, 이 녀석이 몰래 달아난 거야!"

샤오베이는 화가 나서 주먹으로 문을 쾅 치고 나서 말했다.

"그래도 이 녀석, 뭔가 남겨 놓았을 거야."

딩당은 차분하게 말했다.

"남기긴 뭘 남겨! 여기 이렇게 쪽지밖에 없는데, 너 이게 뭔지 알아?"

샤오베이가 딩당에게 펼쳐보인 쪽지는 샤오부뎬이 남긴 편지였다.

> 친애하는 딩당, 샤오베이 형!
> 저를 찾아올 것을 알고 있지만 급한 일이 생겨서 먼저 가요.
> 정말 미안해요.
> 저를 찾으려면 중풍손(巽, 육십사괘의 하나로 괘형은 '☴'이며, 바람이 거듭됨을 상징한다.)을 향해 ○○미터 가서, 이(離, 팔괘의 하나로 괘형은 '☲'이며, 불을 상징한다.) 방으로 오면 저를 찾을 수 있어요.
> 샤오부뎬

"이게 뭘까? 어디서 본 것 같긴 한데 잘 기억이 나지 않아."

딩당은 쪽지를 보고나서 고개를 숙이고는 골똘히 생각해 보았다.

"이 이상한 그림은 한국 국기인 태극기에서 본 것 같은데?"

샤오베이는 쪽지를 보며 말했다.

"팔괘다! 나도 태극기에 그려진 것을 봤어."

딩당은 힘껏 샤오베이의 어깨를 치며 말했다.

"팔괘? 팔괘는 운세를 점칠 때 쓰는 거 아니야? 그건 옛날 미신을 믿던 시기에나 나오는 거잖아!"

샤오베이가 말했다.

"샤오베이, 이번에는 네가 정말 잘 모르는 것 같구나. 팔괘는 《역경(易經)》* 에 최초로 나와 있어. 옛날 옛적에 복희씨(고대 전설상의 신)가 황허 강에 드러난 '하도'*에 근거해서 창조했다고 전해져."

역경 *
유교의 경전으로, 팔괘를 조합한 육십사괘를 설명한 책이다. 일정한 원리를 가진 만물의 변화를 육십사괘를 분류하여 정리하였다.

하도 *
중국 복희씨 때에 황허 강에서 용과 말이 등에 짊어지고 나왔다는 그림이다. 동서남북과 중앙에 일정한 수로 나뉘어 배열되어 있으며, 역경의 기본 이치가 되었다.

딩당이 샤오베이를 향해 말했다.

"그건 신화나 전설일 뿐이야."

샤오베이는 고개를 저으며 말했다.

"대수학자의 고증에 따르면, 팔괘는 세계에서 가장 먼저 나타난 이진수 표기법이래. 독일의 수학자인 라이프니츠는 팔괘에서 영감을 얻어 이진수 표기법을 발명하고 사칙 연산을 할 수 있는 계산기를 만들었지. 라이프니츠는 중국인의 지혜에 감탄해서 청나라 강희 황제에게 계산기를 선물했다고 해."

딩당이 차근차근 설명했다.

"그런 일이 있었어? 좀 더 자세히 얘기해 봐."

샤오베이는 딩당의 이야기에 흥미가 생겼다.

"잠깐 기다려. 내가 스크랩한 걸 찾아서 보여 줄게."

딩당이 가방에서 가죽으로 된 노트를 꺼냈는데 안에는 전부 신문과 잡지에서 스크랩한 수학 지식이었다.

"지식은 역시 작은 노력에서부터 시작되는구나. 딩당, 너 정말 꼼꼼하다."

샤오베이는 딩당을 칭찬했다.

"내가 모르는 게 너무 많아서 그래, 샤오베이. 자, 이게 바로 팔괘야."

딩당은 웃으며 말했다.

샤오베이는 딩당의 스크랩북을 빼앗아 들고 읽기 시작했다.

"《역경》에는 '무극생태극, 태극생양의, 양의생사상, 사상생팔괘(無極生太極, 太極生兩儀, 兩儀生四象, 四象生八卦)'라고 쓰여 있다. 여기서 나타내는 것은 $2^0=1$, $2^1=2$, $2^2=4$, $2^3=8$이다. 이야, 이거 좀 재미있는데? 딩당, 손(巽)은 남동 방향을 나타내는구

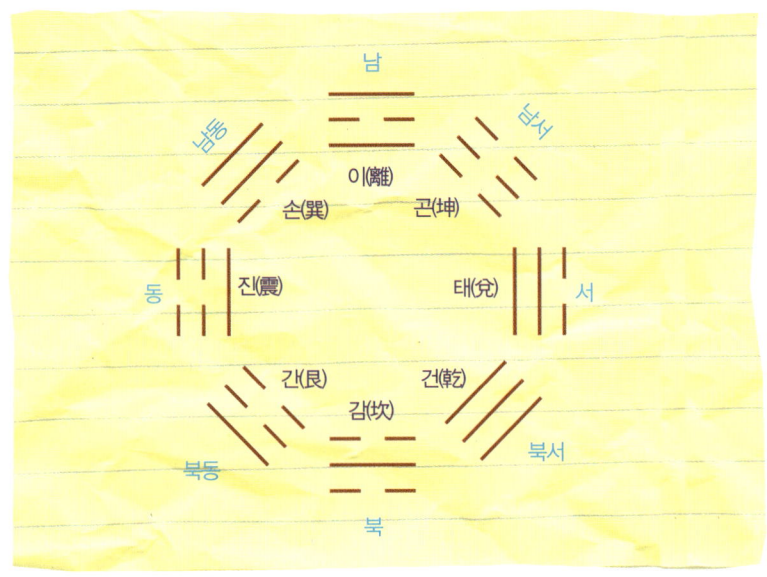

나. 그런데 이 들쭉날쭉한 가로줄은 뭘 나타내는 거야? ☲는 남쪽을 나타내는데, 번호가 남쪽인 방이 어디 있어?"

"여기 위에 설명이 있어. 부호 '—'는 양효로 이진법의 '1'을 나타내고, 부호 '--'는 음효로 이진법의 '0'을 나타내. 그래서 이 쪽지에 나온 특수 부호 두 개는 이진수로 나타낼 수 있어."

딩당은 한 페이지를 넘기며 말했다.

☷ 표시는 110110을 나타내고, ☲ 표시는 101을 나타낸다.

"이 수들을 십진수로 바꿀 수도 있어?"

"그럼, 그건 아주 간단해."

딩당은 또 써 내려갔다.

110110을 십진수로 바꾸면 $(1×2^5)+(1×2^4)+(0×2^3)+(1×2^2)+(1×2^1)+(0×2^0)=32+16+4+2=54$이고, 101을 십진수로 바꾸면 $1×2^2+0×2^1+1×2^0=4+1=5$이다.

"이번에는 분명해졌어! 남동 방향으로 54미터 걸어가서 5번 방을 찾으면 샤오부뎬이 있을 거야. 가자! 우리 가서 결판을 내야지!"

샤오베이는 신이 나서 말했다.

"이번 일을 샤오부뎬이 했다고 아직은 확신할 수 없으니까 샤오부뎬에게 함부로 하면 안 돼."

딩당은 걸어가면서 신신당부했다. 두 사람은 남동 방향으로 54미터를 걸어갔다. 그러자 정말 문에 5번이라고 쓰인 방이 있었다. 그리고 방문에는 '과학 운세'라는 큼지막한 종이가 붙어 있었다.

"운세에도 과학이 있어? 참 신기한데! 들어가 보자."

샤오베이가 문을 밀고 안으로 들어갔다. 방은 텅 비어 있고 커다란 팔괘도만이 둘을 향해 걸려 있었다. 그림 중간에 직사각형의 구멍이 뚫려 있었는데, 그 구멍을 통해서 돋보기를 쓴 노인이 앉아 있는 것이 보였다.

"두 사람은 어떻게 왔는가?"

노인은 기침을 두 번 하더니 느릿느릿 물었다.

"운세는 안 봐요. 빙글나라에도 운세로 속이는 사람이 있을

줄은 생각도 못 했어요."

샤오베이는 웃음을 띤 채 고개를 저으며 말했다.

"내가 보는 건 수학 원리에 따른 과학 운세다. 못 믿겠으면 당장 시험해 봐!"

노인은 근엄하게 말했다.

"제 나이가 몇이고, 몇 월에 태어났는지 알 수 있어요?"

샤오베이가 물었다.

"그건 참 쉽지. 자기 나이에 2를 곱하고 5를 더한 다음, 다시 50을 곱해서 거기에 태어난 달을 더해라. 그리고 1년의 날수인 365를 더하고 나서 얻어진 수를 내게 말해다오."

노인은 안경을 잡아 고쳐 쓰고는 말했다.

"1924예요."

샤오베이는 암산으로 계산하고 숫자를 말했다.

"넌 13살이고, 9월에 태어났군. 그렇지?"

노인은 곧바로 대답했다.

"와, 정말 실력이 보통이 아니네요!"

샤오베이는 놀라움을 금치 못했다.

"어디 실력뿐이겠는가. 내 과학 운세는 신통하기도 하지."

노인은 느릿느릿 말했다.

"저희는 중요한 일로 사람을 한 명 찾고 있어요……."

샤오베이의 말이 끝나기도 전에 노인은 팔괘도의 구멍으로 원통 하나를 건네주었다. 그 안에는 열 몇 장의 종이가 말려 있었다.

"더 말할 것 없이, 거기서 종이를 하나 집어서 열어 봐라."

노인의 말에 샤오베이는 손을 뻗어서 종이 하나를 집었다. 종이를 열어 보니 다음과 같이 쓰여 있었다.

"도면 사건을 해결하려면 샤오부뎬을 찾아라."

"정말 대단해요! 아직 말도 하지 않았는데 다 알고 계셨군요."

샤오베이는 손바닥으로 무릎을 치며 말했다.

그때 갑자기 문밖에서 누가 부르는 소리가 들렸다.

"샤오부뎬! 샤오부뎬!"

노인의 입이 약간 움직이는 듯했으나 아무 소리도 나지 않았다.

샤오베이는 누가 샤오부뎬을 부르는 소리를 듣고 돌아서서 달려 나갔다. 그곳에는 통통한 아이가 계속 샤오부뎬을 부르고 있었다.

"애야, 샤오부뎬은 어디에 있니?"

샤오베이가 물었다.

"저 안에 있어요."

아이가 문을 가리키며 말했다.

"방 안에는 운세를 보는 노인 말고는 아무도 없는걸?"

샤오베이가 말했다.

"에이, 우리가 또 샤오부뎬에게 속았어!"

딩당이 옆에서 발을 구르며 말했다.

"속았다고? 샤오부뎬이 어디 있는데?"

샤오베이가 잠시 멍해지더니 물었다.

"방금 그 노인이 바로 샤오부뎬이었어. 그 노인 굉장히 말라 보이지 않았어?"

딩당이 말했다.

"마르긴 말랐지만, 무척 영험해 보이던걸!"

"어떻게 네 나이와 몇 월에 태어났는지를 맞혔는지 내가 벌써 알아냈어. 먼저 네 자리 수를 x라고 해 보자. 여기서 앞의 두 자리(천의 자리와 백의 자리)는 네 나이고, 뒤의 두 자리(십의 자리와 일의 자리)는 네가 태어난 달이야. 노인은 이런 공식으로 계산한 거야. $x=100 \times 나이 + 태어난 달 + 615$."

딩당이 말했다.

"아니야! 나더러 100을 곱하라고 한 적이 없는걸? 그리고 615를 더하라고 하지도 않았어."

샤오베이는 고개를 갸웃거리며 말했다.

"그래, 맞아! 그런데 나이에 2를 곱하고 5를 더하고 다시 50을 곱한 다음, 태어난 달을 더하고 마지막으로 365를 더하라고 했지."

딩당이 식을 쓰면서 말했다.

$x=(나이 \times 2+5) \times 50 + 태어난 달 + 365$

=(나이×2×50)+(5×50)+태어난 달+365

=100×나이+250+태어난 달+365

=100×나이+태어난 달+615

"네가 계산해 낸 1924에서 노인은 마음속으로 615를 빼고 1309를 얻은 거야. 13은 바로 네 나이고, 9는 바로 네가 태어난 달이잖아."

"그럼, 종이를 집어서 본 건 어떻게 설명하지?"

딩당이 샤오베이를 잡아당겨서 방으로 들어갔다. 원판에 있는 열 몇 장의 종이를 하나하나 열어 보니 모두 '도면 사건을 해결하려면 샤오부뎬을 찾아라.'라고 쓰여 있었다.

"에이! 내가 샤오부뎬에게 또 속다니!"

샤오베이는 두 손으로 머리를 잡고 말했다. 샤오베이는 힘을 다해서 팔괘도를 찢었다. 안에는 돋보기 외에는 아무것도 없었다.

과연 범인은 누구일까?

딩당과 샤오베이가 화가 나서 씩씩거리고 있을 때, 통통한 아이가 편지 한 장을 들고 뛰어들어 왔다.

"이건 샤오부뎬이 형들에게 주는 편지예요."

샤오베이가 편지를 뜯어서 읽었다.

> 딩당, 샤오베이 형.
> 제가 조금 장난을 쳤는데, 화내지 마세요. 형들은 제가 레이저 홀로그램 TV의 설계 도면을 훔쳤다고 의심하지만 저는 너무 억울해요. 저 샤오부뎬은 지금껏 그렇게 비열한 짓은 한 적이 없어요. 저는 형들의 친구거든요! 그리고 알려 줄 게 있는데요, 그 도면은 류진이 가져갔어요.
> 샤오부뎬

"눈 가리고 아웅 하는 거야. 이건 도둑이 도둑 잡으라고 하는 거잖아! 내가 보기에는 도면은 샤오부뎬이 가져갔어."

샤오베이는 샤오부뎬에게 골탕을 먹고 나자 화가 머리끝까지 났다. 더 이상 생각할 것도 없이 분명 샤오부뎬이 훔쳐갔을 거라고 한마디로 잘라 말했다.

"류진? 류진이라는 사람은 속이 좁고 질투심이 강해서 나쁜 꾀가 많아. 류진이 그랬을 가능성도 있어."

딩당은 얼굴이 밝아지더니 혼잣말을 했다.

"샤오부뎬도 못 찾았는데 또 류진이 등장했네. 도대체 이 사건을 어떻게 해결하면 좋겠니?"

샤오베이는 화를 억누르지 못했다.

"류진이든 샤오부뎬이든 상관없어. 어쨌든 계속 이렇게 그들에게 끌려다닐 수는 없어. 뭔가 방법을 생각해야 해."

딩당은 잠시 생각하더니 샤오베이에게 속닥거렸다. 그러자 샤오베이는 엄지손가락을 들어 올리며 말했다.

"그거 좋은 생각인데? 그렇게 하자!"

그러더니 샤오베이는 꽹과리를 치며 큰 소리로 외쳤다.

"자, 모두 와서 보세요! 백이면 백 다 맞힙니다! 여러분이 올해 나이가 몇인지, 부모님 연세가 몇인지, 어떤 좋은 일을 했는지, 아니면 나쁜 일을 했는지 한번에 알아맞힙니다."

그러자 많은 사람이 딩당과 샤오베이 주변으로 모여들었다.

딩당은 사람들에게 잘 보이라고 큰 종이를 걸었다. 거기에는 갑, 을, 병, 정, 무, 기 이렇게 6개의 표가 있었다.

"누구의 나이를 알아맞혀 볼까요? 63세 이하는 제가 다 알아맞힐 수 있습니다. 백이면 백 다 맞힙니다!"

딩당이 말했다.

"내가 올해 몇 살인지 맞혀 보렴."

한 중년의 아저씨가 앞으로 나와서 말했다.

"갑, 을, 병, 정, 무, 기의 순서에 따라서 대답해 보세요. 표 안에 아저씨의 나이가 있는지 없는지."

딩당은 미소를 지으며 말했다.

"있음, 있음, 없음, 없음, 없음, 있음."

아저씨는 진지하게 대답했다.

"아저씨의 올해 나이는 50세에서 한 살 모자라는군요."

딩당이 바로 대답했다.

"맞아! 난 딱 49세야."

아저씨는 신통방통해하며 돌아갔다.

"제 나이를 한번 맞혀 보세요. 없음, 없음, 없음, 있음, 있음, 없음."

조금 전에 딩당과 샤오베이에게 편지를 전해 주었던 통통한 아이가 다가와 말했다.

"이제 여섯 살이구나."

갑

32	33	34	35	36	37
38	39	40	41	42	43
44	45	46	47	48	49
50	51	52	53	54	55
56	57	58	59	60	61
62	63				

을

16	17	18	19	20	21
22	23	24	25	26	27
28	29	30	31	48	49
50	51	52	53	54	55
56	57	58	59	60	61
62	63				

병

8	9	10	11	12	13
14	15	24	25	26	27
28	29	30	31	40	41
42	43	44	45	46	47
56	57	58	59	60	61
62	63				

정

4	5	6	7	12	13
14	15	20	21	22	23
28	29	30	31	36	37
38	39	44	45	46	47
52	53	54	55	60	61
62	63				

무

2	3	6	7	10	11
14	15	18	19	22	23
26	27	30	31	34	35
38	39	42	43	46	47
50	51	54	55	58	59
62	63				

기

1	3	5	7	9	11
13	15	17	19	21	23
25	27	29	31	33	35
37	39	41	43	45	47
49	51	53	55	57	59
61	63				

딩당이 웃으며 말했다.

많은 사람이 나와서 시험해 보았지만 딩당은 정확하게 나이를 말했고 사람들은 모두 딩당의 실력을 믿었다.

"이제 맞히는 방법을 바꿔 봅시다. 이번에는 우리가 비밀번호로 사건을 해결해 볼게요. 모두 레이저 홀로그램 TV의 도면이 도난당한 걸 알고 있죠? 도대체 누가 그랬을까요? 자, 비밀번호를 사용해서 이 사건을 수사하고 해결해 볼게요!"

꽹과리 소리를 울리며 샤오베이가 큰 소리로 말했다. 이번에는 방방, 원원, 샤오부뎬, 류진이 모두 와서 뒤에서 구경했다.

"누가 앞으로 나와서 비밀번호로 사건을 해결하는 걸 시험해 보겠어요?"

딩당은 또 그림 한 장을 걸고 사람들에게 말했다.

"제가 해 볼게요."

뒤에 있던 방방이 앞으로 걸어 나왔다. 딩당은 종이쪽지를 내밀며 방방에게 한 장을 뽑으라고 했다.

"당신은 누가 도면을 훔쳐갔다고 생각해요?"

딩당이 웃으며 방방에게 물었다.

"샤오부뎬이요!"

방방은 조금의 망설임도 없이 말했다.

"말도 안 되는 소리하지 마. 쟤가 생사람을 잡네."

샤오부뎬은 뒤에서 큰 소리로 외쳤다.

"쪽지를 열어 봐요."

딩당이 말했다. 방방이 쪽지를 열어 보니 수식이 4개 있었다.

① 61×25 ② $100 \div 4$ ③ $4 \times \frac{1}{8}$ ④ 37×37

방방은 빠르게 4개의 숫자를 계산해냈다.

① 1525 ② 25 ③ $\frac{1}{2}$ ④ 1369

"이 숫자들을 이용해서 표에서 해당하는 낱말을 찾아보세요. 그리고 그것들을 한 문장으로 만들어 봐요."

딩당이 말했다. 방방은 바로 한 문장으로 만들어서 읽었다.

"샤오부뎬은 도면을 훔치지 않았다."

샤오부뎬이 갑자기 앞으로 튀어나왔다. 그리고 딩당의 어깨를 두드리며 말했다.

22 ~의	3,345 호랑이	9 뎬	25 도면
7071 크다	1525 샤오부뎬	16 진	$\frac{1}{100}$ 펜
9631 뚱뚱한	1 아니다	343 종이	434 그리다
1369 ~지 않았다	3 류진	5 가지다	$\frac{1}{2}$ 훔치다

"형이 비밀번호로 사건을 해결하는 방법이 정말 신통한데요? 전 원래 잘 못한 게 없어요. 이번에는 믿겠죠?"

딩당은 웃으며 고개를 끄덕였다.

"이제 내 차례야!"

원원이 뒤에서 뛰어왔다. 원원은 딩당의 손에서 종이쪽지 하나를 뺐다. 쪽지를 열어 보니 수식이 3개 있었다.

① 9÷3 ② 5×5 ③ $\frac{33}{66}$

원원은 얻은 3개의 답은 다음과 같다.

① 3 ② 25 ③ $\frac{1}{2}$

그리고 나서 숫자를 이용하여 표에서 해당하는 낱말을 찾고 문장으로 만들었다.

"류진이 도면을 훔쳤다."

사람들의 시선이 곧 류진의 얼굴로 집중되었다.

"내가 이 일을 저질렀는지 기억이 잘 안 나요."

류진은 긴장한 듯 두 손을 계속 비벼대며 웅얼웅얼 말했다. 류진은 평소에 사람들에게 나쁜 짓을 해서 모두들 녀석의 품성이 좋지 않다는 것을 알고 있었다. 모여 있던 사람들은 십중팔구 류진이 이번 일을 했을 것이라고 여기기 시작했다.

"류진, 이거 형이 한 짓이지? 다른 사람은 속일 수 있어도 나는 속일 수 없어. 이제 형 스스로 빙빙 총리를 찾아가서 잘못했다고 사과하고 용서해 달라고 부탁해. 그렇지 않고 내가 형이 범인이란 걸 밝힌다면 벌은 더 무거워질 거야."

샤오부뎬이 일어나서 말했다.

이 상황을 지켜보던 사람들도 너도나도 말했다.

"빨리 빙빙 총리님을 찾아가서 잘못을 인정해!"

류진은 느릿느릿 힘없이 총리관으로 걸어갔다.

"도와줘서 고마워."

딩당은 샤오부뎬의 손을 꼭 잡으며 말했다.

"아무것도 아니에요. 형이 카드로 나이를 맞히는 모습 정말 멋졌어요. 운세를 알아맞히는 노인 행세를 한 저도 어리둥절했으니까요. 제게 가르쳐 줄 수 있나요?"

샤오부뎬은 오히려 조금 미안해져서 말했다.

"네게 가르쳐 줄 정도까지는 아냐. 나도 방금 배웠거든. 우리 같이 공부해 보자. 내가 사용한 건 이진법이야. 갑, 을, 병, 정, 무, 기를 하나로 합치면 여섯 자리 이진수가 돼. 어떤 표에서 네 나이가 있는 것을 보면, 해당하는 이 자리 숫자는 1을 나타내. 만약 표에 네 나이가 없으면 그 자리의 숫자는 0이야."

딩당이 웃으며 말했다.

"말로 그러지 말고 구체적인 예를 들어서 말해 봐. 쉽게 이해할 수 있게."

샤오베이가 옆에서 말했다.

"좋아. 아까 한 아저씨가 표 여섯 장의 순서대로 '있음, 있음, 없음, 없음, 없음, 있음.'이라고 했으니까 이진수로 쓰면 110001이야."

딩당은 이렇게 말하고는 샤오부뎬에게 장난기 섞인 투로 물었다.

"노인, 이 숫자를 십진수로 고칠 수 있겠지?"

"그야 당연하죠."

샤오부뎬은 곧바로 써 내려갔다.

$1\times2^5+1\times2^4+0\times2^3+0\times2^2+0\times2^1+1\times2^0=32+16+1=49$.

"네가 방금 계산한 건 49세야."

딩당이 말했다.

"그리고 통통한 아이가 대답한 건 '없음, 없음, 없음, 있음, 있음, 없음'이었어요. 제가 그 아이의 나이도 계산해 볼게요."

샤오부뎬은 먼저 000110을 쓰고 십진수로 고쳤다.

$0\times2^5+0\times2^4+0\times2^3+1\times2^2+1\times2^1+0\times2^0=4+2=6$.

"아이는 여섯 살이에요. 딩당 형, 이 표 6개는 어떻게 만들어 낸 건지 말해 줄 수 있어요?"

샤오부뎬이 물었다.

"당연히 말해 줄 수 있지. 우선 58을 이진수로 고쳐 봐."

샤오부뎬은 소인수 분해를 이용하여 고쳤다.

"58을 이진수로 고치면 111010이에요."

"이 이진수를 왼쪽에서 오른쪽으로 보면 1, 1, 1, 0, 1, 0이니까 58은 갑, 을, 병, 무에 나타나게 돼."

딩당은 표 6개를 가리키며 말했다.

"아, 이제 알겠어요. 1에서 63까지 수를 모두 6자리 이진수로 고친 다음

각 자리 수가 표 하나에 대응되게 한 거로군요? 만약에 이 자리의 숫자가 1이면 이 십진수를 모두 해당하는 표에 기록해 놓았어요. 그리고 이 자리의 숫자가 0이면 해당하는 표에 기록하지 않았고요."

샤오부뎬이 말했다.

"샤오부뎬, 너 정말 똑똑하구나."

딩당이 칭찬하며 말했다.

"에이 보통이죠, 뭐. 이 표를 이용하면 1부터 63까지 각 숫자를 이진수로 직접 표현할 수도 있겠어요. 예를 들어 37이면 갑, 정, 기에 있으니까 37을 이진수로 표현하면 100101이 돼요."

샤오부뎬은 웃으며 말했다.

"비밀번호로 사건을 해결한 것은 어떻게 된 일이지?"

원원이 샤오부뎬에게 말했다.

"이 속임수는 아까 내가 썼던 거야. 방방이 나와서 쪽지를 뽑을 때 딩당 형이 들고 있던 쪽지의 내용은 모두 똑같아. 어느 것을 뽑든지 모두 '샤오부뎬은 도면을 훔치지 않았다.'라고 적혀 있어. 네가 뽑았을 때도 마찬가지야."

샤오부뎬이 말했다.

"그런 거였구나."

원원은 웃으며 말했다. 그때 한 병사가 아주 빠른 속도로 오토바이를 타고 와서 딩당에게 경례를 하며 말했다.

"빙빙 총리님께서 중요한 일로 상의를 하자고 찾으십니다."

이번엔 고대 수학관으로!

빙빙 총리는 사람을 보내 딩당과 샤오베이를 총리관으로 초청했다.

"두 사람은 빙글나라에 와서 수학 경기에도 참여하고, 수학궁도 구경하고, 사파리 공원도 유람했을 텐데, 어땠나?"

빙빙 총리가 말했다.

"무척 재미있었어요! 수학 경기에도 참여하고 수학궁이랑 사파리 공원 유람도 하면서 지식이 많이 늘었어요. 게다가 탐험도 해서 정말 재미있어요. 헤헤……."

질문이 끝나자마자 샤오베이가 웃으며 재빨리 말했다.

"보아하니 두 사람은 아직 빙글나라를 다 즐기지 못한 것 같은데, 내가 또 한 곳을 추천해 줄 테니 그곳을 한번 둘러보도록."

빙빙 총리도 웃으며 말했다.

"거기가 어딘데요?"

"중국 고대 수학관이야."

샤오베이는 휘둥그레진 눈을 깜빡이며 물었다.

"빙글나라에 왜 중국 고대 수학관을 세웠죠?"

"중국에는 찬란한 문화가 있고 고대의 수학 수준도 세계에서 상당히 앞섰어. 우리가 중국 고대 수학관을 세운 건 빙글나라의 국민이 중국의 고대 수학을 배우도록 장려하기 위해서야."

빙빙 총리는 자리에서 일어나 천천히 몇 걸음 걸으며 말했다.

"고대 수학관은 위험하지 않은가요?"

딩당은 침착하게 물었다.

"하하하! 우리가 설계한 모든 건축물에는 온갖 장치가 숨어 있어. 고대 수학관에는 중국의 고대 병기인 칼, 창, 검 등 18종에 이르는 각종 무기가 있고, 그 외에 날카로운 화살과 쇠사슬 등 비밀 무기도 있지. 어때, 두려운가?"

빙빙 총리는 웃으며 말했다.

"아니요. 하나도 두렵지 않아요! 그곳에 가 보겠어요!"

딩당이 대답했다. 하지만 샤오베이는 빙빙 총리의 말을 듣고 겁에 질렸다. 딩당의 옷깃을 세게 잡고 눈짓을 하며 고개를 저어 보였다. 딩당은 그런 샤오베이를 못 본 척했다.

"정말 장하군! 용감한 자만이 과학의 최고봉에 오를 수 있지.

딩당, 나는 딩당 군의 용감함과 침착함을 좋아하네. 딩당과 샤오베이를 중국 고대 수학관으로 데려다 주게나."

빙빙 총리가 아래를 향해 손짓하며 말했다.

두 사람은 병사들의 인솔로 중국 고대 수학관으로 걸어갔다. 딩당이 앞에서 걷고, 샤오베이는 입술을 삐죽 내밀고는 고개를 숙인 채 아무 소리도 내지 않고 뒤에서 따라왔다.

"샤오베이, 너 왜 그래?"

"왜 그러냐고? 열여덟 가지나 되는 무기에다 날카로운 화살이랑 쇠사슬도 숨겨 놓았다잖아! 자칫 잘못하면 머리에 구멍이 나게 생겼는데, 넌 무섭지도 않니?"

샤오베이가 겁 먹은 표정으로 말했다.

"우린 수학궁이랑 사파리 공원도 뚫고 나왔는데, 넌 지금까지 작은 상처 하나 입지 않았잖아!"

딩당이 피식 웃으며 말했다. 앞에 붉은 벽과 녹색 기와로 만들어진 궁전 같은 건축물이 나타났다. 주홍색 대문의 위쪽에는 간판이 걸려 있는데, 큰 글자 일곱 개가 금빛으로 반짝였다.

'중국 고대 수학관'

병사들은 예의를 갖추어 말했다.

"들어가 보십시오."

그러고는 뒤돌아서 바로 가 버렸다.

"이 문을 어떻게 열지? 내가 먼저 가서 볼게."

샤오베이가 문 앞으로 걸어가서 대문을 자세히 살펴보았다. 그러더니 갑자기 큰 소리로 외쳤다.

"딩당, 이리 와 봐! 여기에 그림이 있어."

딩당이 달려가서 보니 문에 그림이 하나 있는데, 큰 정사각형 하나와 작은 정사각형 하나가 바르게 놓여 있고 그 위에 또 하나의 정사각형이 비스듬히 놓여 있었다. 그림은 푸른색과 붉은색으로 칠해져 있고 숫자도 표시되어 있었다.

"이 그림은 무슨 뜻일까?"

샤오베이가 물었다.

"샤오베이, 삼각형 ABC는 분명히 직각 삼각형이야. 그리고 큰 정사각형, 중간 크기의 정사각형, 작은 정사각형이 각각 이 직각 삼각형의 세 변을 변으로 해서 그려져 있어. 이 그림을 가지고 피타고라스 정리*를 증명해 보라는 것 같아."

딩당이 그림을 자세히 살펴보더니 호주머니에서 펜을 꺼내 그림에 A, B, C를 써 넣으며 말했다.

"이거 어떻게 증명하지?"

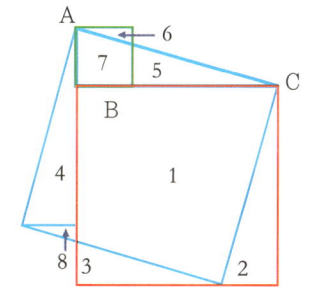

피타고라스 정리 *
직각 삼각형의 2개의 변을 a, b라고 하고 빗변을 c라고 했을 때 $a^2+b^2=c^2$이 됨을 뜻하는 것이다. 고대 그리스의 피타고라스가 처음 증명했다고 하여 '피타고라스 정리'라고 한다.

"중국에서는 옛날부터 '도형을 이동시키는 법'을 사용했어. 고대 그리스에서도 '도형을 잘라서 붙이는 방법'으로 기하 정리를 증명했지. 만약 바르게 놓인 큰 정사각형 한 개, 작은 정사각형 한 개를 모두 비스듬히 놓인 정사각형 안으로 맞춰 넣어서 꼭 들어맞는다면, AB를 한 변으로 하고 BC를 변으로 하는 두 정사각형의 면적의 합이 AC를 변으로 하는 정사각형의 면적과 같아질 거야."

딩당은 그림을 가리키며 말했다.

"이제 알겠다. AB, BC, AC를 한 변으로 하는 정사각형의 면적이 각각 AB^2, BC^2, AC^2이니까 면적이 같아져서 $AB^2+BC^2=AC^2$인 식을 얻을 수 있어. 이게 바로 피타고라스 정리야."

샤오베이는 머리를 끄덕이며 말했다.

"맞아!"

딩당이 고개를 끄덕였다.

"내가 잘라서 맞춰 볼게."

샤오베이는 손을 뻗어서 2라고 쓰인 직각 삼각형을 들어 5와 7로 만들어진 직각 삼각형 위에 붙였다. 샤오베이가 막 붙이자마자 대문이 열렸다. 샤오베이가 머리를 들이밀고 안쪽을 보려고 했다. 그때 문 안쪽에서 '슉' 하는 소리가 들리더니 화살이 날아왔다. 샤오베이는 평소에 축구를 열심히 한 덕분에 민첩해

서 순간적으로 머리를 아래로 숙이며 옆으로 굴렀다. 화살은 샤오베이의 머리카락을 스치고 날아갔다.

"아이고, 엄마야!"

샤오베이는 갑자기 날아온 화살에 놀라 온몸에 식은땀이 났다. 대문을 바라보니 문이 다시 굳게 닫혔다. 갑자기 날아온 화살에 딩당도 몹시 놀랐다. 그러나 딩당이 곧 놀란 가슴을 가라앉히고 말했다.

"네가 2번을 5와 7에 붙인 게 틀려서 이 화살이 날아온 거야."

"뭐? 틀림없어! 이 두 직각 삼각형의 빗변과 다른 한 변이 같으니까 두 삼각형은 합동이야. 분명히 짝이 맞는다고!"

샤오베이는 인정하지 못했다.

"7번 직각 사다리꼴은 이미 비스듬한 정사각형 안에 있어. 그 위에 하나를 더 붙이면 중복되잖아?"

"네 말대로라면 2를 4에 붙여야 맞겠다."

샤오베이는 입으로는 그렇게 말했지만 감히 다시 붙일 엄두를 내지 못했다.

"2와 4가 합동이고, 3과 5가 합동, 6과 8이 합동이야. 이렇게 옮겨야 해."

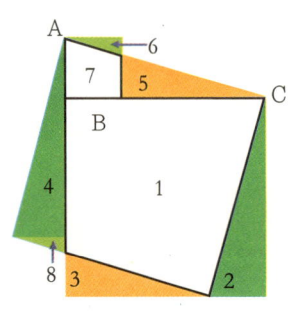

딩당이 말했다. 딩당은 2를 4에 놓고 3을 5에, 6을 8에 놓았다. 막 붙이자마자 대문이 활짝 열렸다. 샤오베이는 문 안에서 다시 화살이 날아올까 봐 얼른 바닥에 엎드렸다.

문에서는 화살 대신 고동색 두루마기를 입고 허리에 비단 끈을 묶고 머리에는 상투를 튼 노인이 걸어 나왔다. 노인은 기뻐하며 말했다.

"어느 젊은이가 청출주입도*를 잘 알고 있는가? 정말 보기 드문 인재로군!"

샤오베이는 바닥에서 일어나 서슬 퍼런 기세로 노인을 가리키며 말했다.

"물어볼 것도 없이 할아버지가 바로 고대 수학관 문지기죠? 방금 그 화살, 할아버지가 쏜 거잖아요!"

"아니다. 나는 여기 문지기가 아니라 '손자'란다."

노인은 연방 손을 내저으며 말했다.

"명성이 높은 수학자 손자이군요. 오랫동안 존경해 왔습니다."

딩당은 노인을 향해 두 손을 모아 인사하며 말했다.

"틀림없이 빙빙 총리님이 제작한 로봇 손자일 거야."

딩당은 고개를 돌려 샤오베이에게 작은 목소리로 말했다.

"너희가 중국의 고대 수학을 이해하려면 내가 쓴《손자산경》을 보면 된단다. 이 책을 쓴 건 5세기경이지."

손자가 말했다. 그러고는 손자는 딩당과 샤오베이를 작은 문 앞으로 데리고 갔다.

"《손자산경》의 자세한 내용을 알고 싶으면 이 문으로 들어가거라."

딩당은 손자에게 감사를 표시하며 문을 밀고 안으로 걸어갔다. 샤오베이도 따라왔다.

청출주입도 *
중국 고대 수학자 유휘가 피타고라스 정리를 증명할 때 사용한 그림이다. 그림은 전해지지 않지만 후세 사람들이 청출주입도라고 이름 붙였다. '청색 부분이 나가고 붉은색 부분이 들어오고……' 하는 식으로 증명했다.

"손자라는 분은 우리더러 경전을 읽으라고 하시네? 경전은 스님들이나 읽는 거잖아."

샤오베이가 물었다.

"옛날에는 책을 '경'이라고 불렀어. 《손자산경》은 바로 손자가 쓴 수학책이야."

샤오베이의 말을 듣고 딩당은 키드득 웃으며 말했다. 샤오베이가 뭔가를 말하려고 하는데, 두 사람 앞에 옛날 복장을 한 남자 두 명이 철 상자를 둘러싸고 말다툼을 하고 있었다. 딩당과 샤오베이가 들어가자 곧 말다툼을 멈췄다.

키가 크고 체격이 건장한 검은 얼굴의 남자가 샤오베이를 병아리 들어 올리듯 가볍게 들어서 상자 옆으로 데려갔다.

"이 상자 안에 닭과 토끼가 있는데 머리는 35개, 다리는 94개가 있어. 우리 둘 다 상자 안에 닭이 몇 마리이고 토끼가 몇 마리인지 정확히 알지 못해. 네가 한번 계산해 봐."

남자는 낮은 목소리로 거칠게 말했다.

"도움을 구하는 사람이 어떻게 이렇게 무지막지해요? 제가 계산하지 않으면 어떡할 건데요?"

샤오베이는 우물쭈물하며 물었다.

"계산하지 않는다고?"

남자는 한 손으로 샤오베이를 들어 올렸다.

"계산하지 않으면 너를 떨어뜨리겠어!"

"살려 주세요! 살려 줘요!"

샤오베이는 큰 소리로 도움을 요청했다.

"샤오베이를 내려 주세요! 제가 대신 계산할게요."

딩당이 용감하게 나서서 크게 소리쳤다.

남자는 바로 샤오베이를 내려 주었다. 샤오베이는 이마의 땀을 닦으며 말했다.

"하마터면 '비행기'를 탈 뻔했네! 딩당, 너 할 수 있겠어?"

딩당이 작은 탁자 위에 실로 꿰어 엮은 책 한 권을 꺼냈다. 책에는 《손자산경》이라고 쓰여 있었다.

"이 문제는 유명한 '계토동롱(鷄兎同籠: 한 상자 속의 닭과 토끼)' 문제야. 《손자산경》에 이 문제가 가장 먼저 나와. 책에서는 어떻게 풀었는지 보자."

딩당은 말을 마치고 책을 몇 장 넘겨 보았다.

"찾았다!"

딩당이 식을 써 내려갔다.

토끼의 수=$\frac{1}{2}$×다리 수 - 머리 수.

"내가 계산해 볼게."

샤오베이가 계산하기 시작했다.

토끼의 수=$\frac{1}{2}$×94-35=47-35=12(마리).

닭의 수=35-12=23(마리).

"계산을 잘했으니 다음으로 가십시오."

남자는 아까와 달리 샤오베이에게 예의를 갖춰 말했다.
"흥!"
샤오베이는 득의양양하게 딩당을 끌어당기며 걸어갔다.
얼마 가지 않았을 때, 옛날 사람 같아 보이는 한 여자가 강가에서 그릇을 잔뜩 쌓아 놓고 씻고 있었다.
"아주머니, 왜 이렇게 그릇을 많이 씻고 있나요?"
샤오베이는 호기심이 생겨서 다가가 물었다.
"집에 손님이 오셨거든요."
여인이 대답했다.
"손님이 얼마나 왔기에 이렇게나 많은 그릇을 쓰시나요?"
"두 사람당 밥그릇 한 개를 주고, 세 사람당 계란찜 한 그릇을 주고, 네 사람당 고기 한 그릇을 주니 모두 그릇이 65개예요. 우리 집에 손님이 몇 분이 오셨는지 계산할 수 있나요?"
여인이 웃으며 말했다.
"정말 쓸데없는 걸 물어보시네요. 손님이 몇 명인지는 물어서 뭘 하시게요. 딩당, 또 문제가 나왔어!"
샤오베이는 가볍게 자기 볼을 톡 치더니 말했다.
"자신의 일은 자신이 해결해야지."
딩당이 웃으며 말했다.
"넌 내가 곤란한 게 재미있냐? 알았어, 그까짓 문제 내가 계산할게!"

샤오베이는 오기를 부리며 말했다. 샤오베이는 한참을 생각했지만 좋은 방법을 생각해 내지 못했다.

"계산했나요?"

여인이 옆에서 재촉했다.

"친구야. 한 번만 도와줘. 이 문제는 어디에서 시작해야 해?"

샤오베이가 딩당에게 물었다.

"손님 한 사람이 그릇을 얼마나 사용하는지 알면 손님이 모두 몇 명인지 계산할 수 있어."

딩당이 힌트를 주었다.

"손님 한 사람이 그릇을 얼마나 사용하는지?"

샤오베이는 골똘히 생각하며 문제를 풀어나갔다.

"두 사람이 밥그릇 한 개를 사용하니까 한 사람은 $\frac{1}{2}$그릇을 쓰고, 세 사람에게 계란찜 한 그릇을 주니까 한 사람이 $\frac{1}{3}$그릇을 쓰고, 네 사람에게 고기 한 그릇을 주니까 한 사람이 $\frac{1}{4}$그릇을 쓰게 되는 셈이구나. 합쳐 보면 한 사람이 ($\frac{1}{2}+\frac{1}{3}+\frac{1}{4}$)그릇을 쓰게 되네."

딩당이 이어서 계산했다.

"손님의 수는 $65 \div (\frac{1}{2}+\frac{1}{3}+\frac{1}{4}) = 65 \div \frac{13}{12} = 65 \times \frac{12}{13} = 60$(명)이야."

"두 분이 해결한 것은 《손자산경》의 '강가에서 그릇을 씻다.' 라는 유명한 문제예요. 그럼 앞으로 계속 가세요."

여인은 기뻐하며 말했다.

노래를 부르는 사람의 계시

갑자기 노랫소리가 들려왔다. 그 노래는 어떤 사람이 칼을 휘두르며 부르는 것이었다.

"3인이 70세까지 함께 가기는 드문데,
나무 5그루에 매화가 21송이 열렸네.
7인이 15일 만에 한자리에 모이고,
105를 없애면 바로 알 수 있네."

샤오베이는 호기심이 생겨서 딩당을 잡고 그쪽으로 걸어갔다.

"누가 노래를 부르는지 보자."

딩당과 샤오베이는 아무리 주위를 둘러보아도 아까 노래하던 사람을 찾지 못했다. 작은 문으로 걸어나가자 연병장이 나왔다. 투구와 갑옷을 입은 병사들이 장군의 지휘에 따라 훈련을 하고 있었다. 병사들은 각기 칼과 창을 들고 찍거나 베기, 찌르기 같은 동작을 하는데, 그 모습이 매우 힘차고 기합 소리가 우렁찼다. 무술을 좋아하는 샤오베이는 멋진 동작을 보고는 큰 소리로 "잘한다!" 하고 외쳤다.

샤오베이의 소리를 들은 장군이 손에 든 보검을 샤오베이 쪽으로 향하며 큰 소리로 외쳤다.

"저 두 첩자를 잡아라!"

병사 네 명이 순식간에 뛰어와 변명할 기회도 주지 않고 딩당과 샤오베이를 묶었다. 그리고 작은 방에 두 사람을 밀어 넣고는 방문을 잠가 버렸다. 샤오베이가 큰 소리로 고함을 질렀지만 아무도 거들떠보지 않았다. 연병장에는 여전히 사기가 하늘을 찔렀다.

"에이. 우린 참 재수도 없지! 훈련하는 걸 구경했을 뿐인데 스파이로 몰리다니!"

샤오베이는 풀이 죽어서 말했다. 딩당은 아무 말도 하지 않고 덤덤하게 웃었다.

한참이 지나고 문 열리는 소리가 들리더니 아까 그 장군이 들어왔다. 장군은 두 사람을 보고는 물었다.

"너희는 우리 군의 상황을 몰래 정탐하러 온 것이냐? 겁도 없구나!"

"무슨 말씀이세요? 우린 고대 수학관을 참관하러 왔어요. 수

학을 배우러요. 우리에게 군사 정보가 무슨 쓸모가 있겠어요?"

샤오베이는 기분이 상했다.

"수학을 배운다고? 그럼 이렇게 하지. 밖에 훈련하는 병사는 100명이 안 된다. 내가 그들더러 인원 보고를 세 번 하라고 하겠어. 만약 병사들의 정확한 수를 알아맞히면 너희가 수학을 배우러 온 것이라고 인정하지. 하지만 그러지 못하면 틀림없이 첩자이니 현장에서 극형에 처하겠다!"

장군은 시선을 돌리며 말했다.

"목을 벤다고 하네. 오늘 내 머리의 위치가 왔다 갔다 하는군."

샤오베이는 발을 구르며 말했다.

"쉿……!"

딩당이 샤오베이에게 조용히 하라는 신호를 보내고, 밖에서 한 병사가 장군에게 보고하는 것을 들었다.

"장군님, 보고 드립니다. 3명씩 보고하면 마지막에 병사가 2명 남고, 5명씩 보고하면 마지막에 병사가 3명 남습니다. 그리고 7명씩 보고하면 마지막에 병사가 3명 남습니다."

병사가 말했다.

"우리는 세 번 인원 보고한 결과로 여기의 병사가 모두 몇 명인지 알아맞혀야 해."

딩당은 작은 목소리로 샤오베이에게 말했다.

"이걸 어떻게 계산해? 난 못 해."

샤오베이도 좋은 생각이 나지 않았고, 딩당도 어찌할 바를 몰라서 두 사람은 서로 아무 말도 하지 않았다.

"빨리 저를 풀어 주세요. 두 손을 다 묶으면 어떻게 계산하겠어요?"

갑자기 딩당이 바깥을 향해 외쳤다. 잠시 후 병사 두 명이 들어와 두 사람을 풀어 주었다.

"우린 100 이하의 자연수 중에서 3으로 나누면 2가 남고, 5로 나누거나 7로 나누었을 때 3이 남는 수를 찾아야 해."

딩당이 말했다.

"맞아! 하나씩 해 보자."

"그건 힘들어. 그렇게 하면 계산을 많이 해야 해. 다른 방법을 찾아보자."

딩당은 고개를 숙인 채 한참 동안 생각에 빠졌다.

그때였다. 밖에서 "3인이 70세까지 함께 가기는 드문데……." 하고 부르는 노랫소리가 또 들렸다.

"사람들이 우리를 처형하려고 하나 봐. 노래를 비장하게 부르는데?"

샤오베이는 초조해져서 말했다.

"기다려 봐. 저 사람이 부르는 노래 가사에서 앞의 세 부분은 3인, 나무 5그루, 7인이야. 이건 3명씩, 5명씩, 7명씩 인원을 보고하는 거랑 약속이나 한 듯이 완전히 똑같잖아!"

딩당이 갑자기 흥분하며 말했다.

"그건 순전히 네 마음대로 생각하는 거야. 난 어떤 관계가 있는지도 모르겠는걸."

샤오베이는 그렇지 않다는 투로 고개를 갸웃거리며 말했다.

"'3인이 70세까지 함께 가기는 드문데.'에서 70은 5와 7로 나누어떨어지지만, 3으로 나누면 1이 남아. 만약 70×2는 어떨까? 이건 5와 7로 나누어떨어질뿐더러 3으로 나누면 2가 남아. 이건 3명씩 보고해서 마지막에 2가 남는 것과 같잖아? 됐어. 방법이 있어!"

딩당이 외치자 샤오베이는 깜짝 놀랐다.

"'나무 5그루에 매화가 21송이 열렸네.' 21×3은 3과 7로 나누어떨어지고 5로 나누면 3이 남아. '7인이 15일 만에 한자리에 모이고.' 한 달의 반은 15일이야. 15×3은 3과 5로 나누어떨어지고 7로 나누면 3이 남아. 조건을 만족하는 숫자 M을 찾았다!"

딩당이 바닥에 쓰면서 말했다. M=(70×2)+(21×3)+(15×3).

"틀렸어. 이 M은 248이야. 그럼 100이 넘잖아."

샤오베이는 고개를 저으며 말했다.

"가사의 맨 마지막은 '105를 없애면 바로 알 수 있네.'야. 105는 3, 5, 7의 최소공배수이니까 248에서 105를 빼면 100보다 큰 수니까 한 번 더 105를 빼면 구하고자 하는 수 N을 얻을 수 있어."

딩당은 또 썼다. N=(70×2)+(21×3)+(15×3)−(105×2)=38.

"이봐요. 빨리 문 열어 주세요. 우리가 계산했어요. 병사는 모두 38명이에요."

샤오베이는 힘껏 문을 두드리며 큰 소리로 외쳤다.

"음. 계산 잘했구나. 이제 이 둘을 끌고 가라."

문이 열리고, 장군이 와서 말했다.

"우리를 또 어디로 데려가는 거예요?"

샤오베이가 물었다.

다툼 마을이라고?

딩당과 샤오베이는 병사에 의해 고대 수학관에서 쫓겨났다. 마침 입구에서 샤오부뎬이 두 사람을 기다리고 있었다.

"이제 이 두 사람은 제게 맡기시면 됩니다!"

샤오부뎬이 병사에게 말했다. 그러자 병사는 "넵!" 하고 대답하고는 돌아갔다.

"고대 수학관에서 재미있었어요?"

샤오부뎬은 미소를 지으며 물었다.

"재미있었느냐고? 하마터면 내 머리가 이사 갈 뻔했잖아!"

샤오베이는 눈을 크게 부릅뜨며 말했다.

"샤오부뎬, 우리를 빙빙 총리에게 데려다 줘. 우린 이제 집에 돌아가야 해."

딩당이 말했다.

"알았어요. 저를 따라오세요."

두 사람은 샤오부뎬을 따라서 한참 걸었다. 얼마나 걸었을까 세 사람이 어느 마을 앞에 도착했을 때였다.

"저 화장실에 갔다 올 테니 잠깐 기다려 주세요."

샤오부뎬이 자신의 배를 가리키며 말했다. 그러라고 한 뒤, 두 사람은 잠시 쉬었다. 그런데 한나절을 기다려도 샤오부뎬은 돌아오지 않았다. 샤오베이가 화장실로 가 보니 샤오부뎬의 그림자도 보이지 않았다.

"하, 우리가 또 샤오부뎬에게 속았네! 걔 또 몰래 가 버렸어!"

샤오베이는 화가 나서 얼굴이 새빨개졌다.

"샤오부뎬, 이 녀석! 우리를 또 길에다 버렸네. 마을에 들어가서 어떻게 가야 하는지 물어보는 수밖에 없겠다."

딩당은 고개를 절레절레 젓고는 샤오베이에게 말했다.

딩당과 샤오베이는 마을에 들어갔다. 마을은 그리 크지 않았고, 마을 어귀에 '다툼 마을'이라는 팻말이 세워져 있었다. 딩당은 팻말을 보고는 방향을 돌려 걸어갔다.

"왜 마을에 들어가서 길을 묻지 않는 거야?"

샤오베이가 딩당을 힘껏 붙잡고 물었다.

"너 여기가 다툼 마을이라는 거 못 봤어? 우리, 말썽 일으키지 말고 빨리 집에 돌아가자."

딩당은 말을 마치고 바로 가려고 했다.

"우리 이 마을에 들어가서 무슨 다툼이 있는지 알아보자. 중국 속담에 '길에서 억울함을 당하는 사람을 보면 서슴없이 칼을 뽑아 도와줘라.'라는 말도 있잖아."

샤오베이는 억지로 딩당을 잡아끌며 마을로 들어갔다.

어느 집 입구에서 형제 셋이 다투고 있었다. 샤오베이는 다가가서 구경하다가 맏형으로 보이는 사람에게 잡혔다.

"마침 잘 만났다. 네가 우리 다툼을 해결해라! 우리 아버지가 양 17마리를 키우셨는데, 돌아가시고 나서 유서를 보니 17마리를 비례에 따라서 삼 형제에게 나눠 가지라고 하셨어."

맏형이 말했다.

"아버지가 어떻게 나누라고 하셨는데요?"

샤오베이는 호기심이 들어서 물었다.

"내가 $\frac{1}{2}$을 나누어 갖고, 둘째는 $\frac{1}{3}$, 셋째는 $\frac{1}{9}$을 나누어 갖되 양을 나누는 과정에서 양을 죽이지 말라고 하셨어. 우리 삼 형제에게 그 비율에 따라 양을 나누어 줘."

맏형이 계속 말했다.

"이 문제는 간단해요. 저만 믿으세요! 큰 형은 $17 \times \frac{1}{2} = \frac{17}{2}$ $= 8\frac{1}{2}$마리. 응? 어떻게 양 반 마리가 나오지? 아버지께서 양을 죽이지 말라고 하셨죠?"

샤오베이는 쪼그려 앉아서 나무 막대기로 바닥에 식을 쓰면서 말했다.

"이거 누가 계산한 거지? 네가 계산한 거잖아. 그런데 자기가 계산한 걸 누구한테 물어봐?"

둘째가 와서 샤오베이를 꽉 붙잡아 바닥에서 들어 올리고는 물었다.

"양 17마리는 나눌 수 없어요!"

샤오베이는 손에 든 막대기를 휙 바닥에 던져 버리고 말했다.

"너 아까는 간단하다고 했잖아. 간단한데 어떻게 나눌 수가 없니? 나눌 수 없으면 너희 둘 다 아무 데도 못 갈 줄 알아!"

셋째가 샤오베이의 옷깃을 꽉 붙잡으며 말했다.

"17은 소수라서 2로 나누어떨어지지 않고, 3이나 9로 나누어 떨어지지도 않아요. 그런데 어떻게 나눌 수 있어요?"

샤오베이는 근심이 가득한 표정으로 설명했다.

딩당은 멀지 않은 곳에 양을 치는 사람이 보이자 그에게 달려가 무엇인가 말하고는 양 한 마리를 끌고 달려왔다.

"제가 양 한 마리를 빌려 줄게요. 18마리로는 나누기 쉬울 거예요. 큰 형은 $18 \times \frac{1}{2}$=9마리, 둘째는 $18 \times \frac{1}{3}$=6마리, 셋째는 $18 \times \frac{1}{9}$=2마리. 모두 합치면, 9+6+2=17마리, 꼭 17마리예요. 1마리가 아직 남았으니까 제가 끌고 가서 저기 양치는 사람에게 다시 돌려줄게요."

딩당이 말했다.

"딩당의 아이디어가 좋았어!"

삼 형제는 동시에 엄지를 세우며 말했다.

"이 문제는 정말 어려웠어."

샤오베이는 혀를 쏙 내밀고는 말했다.

"내가 이 다툼 마을에 들어오지 말자고 했는데 기어이 들어가더니. 이제 빨리 돌아가자!"

딩당은 빠른 걸음으로 걸어갔다.

"잠깐, 멈춰!"

멀리서 갑자기 남자 네 명이 달려왔다.

"듣자 하니 너희 둘이 전문으로 다툼을 해결한다는데, 빨리 우리 문제도 해결해 주렴!"

우두머리인 듯한 남자가 말했다.

"아저씨들은 누구세요? 뭐 하는 분들이시죠?"

샤오베이가 물었다.

"우리 네 사람은 각각 조씨, 전씨, 손씨, 이씨란다. 모두 한 공장에서 일하지. 사장님이 조씨가 전씨보다 한 일이 많고, 이씨와 손씨가 한 일의 합은 조씨와 전씨가 한 일의 합과 같다고 말씀하셨어. 그런데 손씨와 전씨가 한 일의 합은 조씨와 이씨가 한 일보다 많아. 우리 네 사람은 모두 각자 자기가 한 일이 많다고 하는데, 누가 한 일이 더 많은지 순위를 매겨 줘."

얼굴이 검은 한 남자가 말했다.

"이렇게 복잡하니 어디서부터 문제를 해결해야 하죠?"

샤오베이는 두 손으로 머리를 감싸며 말했다.

"사실 조건은 세 개밖에 없으니까 하나하나 잘 생각해 봐."

딩당이 작은 목소리로 샤오베이에게 일러 주었다.

"알았어. 잘 생각해 볼게. 먼저 식 세 개를 나열해 봐야지."

샤오베이는 바닥에 식을 써 나갔다.

(1) 조씨>전씨

(2) 이씨+손씨=조씨+전씨

(3) 손씨+전씨>조씨+이씨

"그다음은 어떻게 하지?"

샤오베이는 작은 목소리로 딩당에게 물었다.

"(3)의 식에서 (2)의 식을 빼."

딩당이 작은 소리로 말했다.

"그렇지! (3)의 식에서 (2)의 식을 빼면 되는구나!"

∵ 손씨+전씨−(이씨+손씨)>조씨+이씨−(조씨+전씨),

손씨+전씨−이씨−손씨>조씨+이씨−조씨−전씨,

전씨−이씨>이씨−전씨,

이항하면, 2전씨>2이씨 ∴ 전씨>이씨.

"이러면 전씨가 이씨보다 한 일이 많아요! 그래서 조씨>전씨>이씨로 나타낼 수 있어요. 세 사람 중에서는 조씨가 한 일이 가장 많아요."

샤오베이는 무척 기뻤다. 그때 손씨가 다가와 물었다.

"나는?"

"조급해하지 마세요."

샤오베이가 말했다.

"(2)의 식을 변형하면, 전씨−이씨=손씨−조씨

∵ 전씨−이씨>0, ∴ 손씨−조씨>0, 그래서 손씨>조씨.

이렇게 되어서 손씨가 1등이고, 조씨가 2등, 전씨가 3등, 이씨가 꼴찌예요!"

빙글나라에서의 마지막 날!

딩당과 샤오베이는 총리관으로 돌아왔다. 빙빙 총리가 친히 문 앞에서 맞아 주었는데, 이날 총리관은 또 다른 모습이었다. 사람들이 총리관에 등을 달고 비단 띠를 두르며 야단법석을 떨었다. 현수막에는 '딩당과 샤오베이 송별회'라고 크게 쓰여 있었다.

"오는 동안 고생했다!"

빙빙 총리는 다정하게 말했다.

"우리 둘은 이곳에 공부하러 왔는데, 이렇게 성대한 환송회를 열어 주시다니요!"

딩당은 조금 부끄러운 마음으로 말했다.

"인재는 쉽게 얻을 수 없는 법. 우리는 수학 인재를 매우 좋아한단다. 여러분은 바로 흔치 않은 수학 천재들이야."

빙빙 총리가 웃으며 말했다.

"제가요?"

샤오베이는 총리에게 이렇게 말하고는 마음속으로 생각했다.

'나는 뛰어난 축구 공격수인데, 거기에다가 수학 천재도 되었단 말이야? 우아!'

"딩당, 샤오베이 형! 이리 와서 같이 놀아요!"

원원과 방방이 두 사람을 불렀다. 딩당과 샤오베이가 달려가서 보니 원원과 방방은 마침 '눈 가리고 돌멩이 수 알아맞히기' 놀이를 하고 있었다.

"어떻게 노는 거야? 나도 끼워 줘."

놀자는 말이 나오자 샤오베이는 활기를 되찾고 말했다.

"여기에 돌멩이가 30개 있어요. 그리고 빨강, 노랑 바구니가 1개씩 있어요. 한 사람은 천으로 눈을 가리고, 또 한 사람은 돌멩이를 두 바구니에 집어넣는 거예요. 돌멩이 하나를 집었을 때는 빨강 바구니에 넣고, 돌멩이 2개를 집었을 때는 노랑 바구니에 넣어요. 그리고 바구니에 돌멩이를 넣을 때마다 박수를 한 번 쳐요. 꼭 돌멩이를 넣어야 하고, 한 번에 3개 이상 넣으면 안 돼요. 눈을 가린 사람은 자기가 들은 박수 소리를 근거로 빨강 바구니와 노랑 바구니에 각각 돌멩이가 몇 개씩 들어갔는지 말해야 해요."

원원이 말했다.

"재미있겠다! 내가 먼저 해 볼게."

샤오베이는 원원에게 자기의 눈을 가리게 했다. 원원은 두 바구니에 돌을 집어넣을 때마다 박수를 한 번씩 쳤는데, 모두 18번을 쳤다.

"샤오베이 형, 말해 보세요. 빨강 바구니와 노랑 바구니에 각각 돌멩이가 몇 개씩 있죠?"

방방이 물었다.

"그렇게 빨리 계산할 수는 없어. 암산하고 나서 말해 줄게."

샤오베이가 눈을 가린 채 입으로 주문을 외우는 듯한 모습이 무척 익살스러워서 원원과 방방은 큰 소리로 웃었다.

"좋아. 계산이 다 끝났어. 빨강 바구니에 x번 집어넣었다고 하면, 노랑 바구니에는 반드시 $18-x$번 집어넣었어. 방정식을 세워 보면 $x+2(18-x)=30$이고 이것을 풀면, $18-x=12$, $x=6$이야. 그러니까 빨강 바구니에는 6번, 돌멩이가 모두 6개가 있고, 노랑 바구니에는 12번, 돌멩이는 모두 24개가 있어."

샤오베이가 말했다. 샤오베이가 눈을 가린 천을 벗고 바구니에 담긴 돌멩이의 수를 세어 보니 정확했다.

"샤오베이 형은 계산은 잘했는데, 좀 느려요. 이번에는 딩당 형이 좀 더 빨리 해 보세요."

방방이 말을 하며 딩당의 눈을 가렸다. 방방은 박수를 21번 쳤다. 딩당은 곧바로 빨강 바구니에는 돌멩이 12개, 노랑 바구니에는 돌멩이 18개가 있다고 했다.

"우아, 어떻게 계산이 그렇게 빨라? 난 방정식을 세우는 것도 시간이 오래 걸리던데."

샤오베이가 놀라서 물었다.

"난 방정식을 세우지 않았어. 난 21번 박수 소리를 들었어. 만약 21번 모두 노랑 바구니로 돌멩이를 던진 거라면, 돌멩이는 전부 42개여야 해. 하지만 실제로는 돌멩이가 30개밖에 없으니까 내가 12개를 더 계산한 거야. '어떻게 더 계산하게 되었지?'라고 생각해 보면, 빨강 바구니에 던진 12번을 노랑 바구니에 던진 것으로 잘못 계산한 거였어. 그래서 실제로는 빨강 바구니에 12번 던졌을 것이고, 결국 돌멩이가 12개가 있어야 해. 노랑 바구니에는 9번 던져서 돌멩이가 18개인 거지."

딩당이 말했다.

"역시 머리는 잘 굴린단 말이야!"

샤오베이는 딩당의 어깨를 치며 말했다.

"샤오베이 형, 빨리 와 봐요. 여기 재미있는 게 있어요."

그때 샤오부뎬이 부르는 소리가 들렸다.

"샤오부뎬, 이 녀석! 길에서 우리를 버렸지! 내가 널 그냥 두나 봐라."

샤오베이는 화가 난 체하며 말했다. 그러면서 주먹을 들어 때리려고 했다.

"아이고, 목숨만 살려 주세요! 장난을 좀 치려고 한 것이니 화내지 마세요."

샤오부뎬은 자신을 용서해 주지 않을까 하는 마음에 샤오베이에게 재미있는 게임을 제안했다.

"재미있는 게임이 뭔데?"

샤오베이가 물었다.

"'돌멩이 뺏기' 놀이요!"

샤오부뎬이 대답했다.

"어떻게 빼앗는 건데?"

샤오부뎬은 동글동글한 돌멩이 18개를 집어 들어 7개와 11개의 두 무더기로 나누며 말했다.

"차례로 돌멩이를 가져가는 거예요. 한 무더기에서 몇 개든 마음대로 가져가도 되고, 두 무더기에서 동시에 같은 개수만큼 가져가도 돼요. 자기 차례가 되면 반드시 돌멩이를 가져가야 해요. 마지막에 돌멩이를 다 가져가는 사람이 이기는 거예요."

"이기는 사람에게는 뭘 해 줄까? 그리고 지는 사람에게는 무슨 벌칙을 주지?"

샤오베이가 또 물었다.

"형이 이기면, 빙빙 총리님에게 큰 축구공을 달라고 요청할게요. 대신에 형이 지면 손가락으로 이마를 가볍게 한 대 때릴 거예요."

샤오부뎬은 눈을 깜빡이고는 말했다.

"알았어. 내가 먼저 할게."

샤오베이는 11개가 있던 무더기에서 돌멩이 10개를 가져갔다. 샤오부뎬은 재빨리 7개가 있던 무더기에서 돌멩이 5개를 가져갔다. 한 무더기에는 돌멩이 2개가 남았고, 다른 한 무더기에는 돌멩이 1개가 남았다. 샤오베이는 돌멩이 2개가 있던 무더기에서 1개를 가져갔고, 샤오부뎬은 남은 2개를 한꺼번에 가져갔다.

"야, 두 무더기에서 한꺼번에 다 가져가면 어떡해?"

샤오베이는 눈을 동그랗게 뜨고 물었다.

"제가 방금 말했잖아요. 동시에 두 무더기에서 같은 개수만

큰 돌멩이를 가져갈 수 있다고요. 지금 각 무더기에서 모두 1개씩만 남아 있었으니까 당연히 한꺼번에 가져갈 수 있죠."

샤오베이는 패배를 인정했다. 샤오부뎬은 손가락으로 샤오베이의 이마를 가볍게 한 대 때렸다.

"내 머리는 무쇠처럼 단단해서 때려도 아프지 않아! 자, 이번에는 내가 두 무더기에서 한꺼번에 같이 가져간다."

샤오베이는 두 무더기에서 돌멩이를 3개씩 가져갔다. 이번에는 한 무더기에는 8개, 다른 무더기에는 4개가 남았다. 샤오부뎬은 두 무더기에서 각각 1개씩 가져갔다. 이제 한 무더기에는 7개, 다른 무더기에는 3개가 남았다. 샤오베이는 돌멩이가 7개가 남은 무더기에서 1개를 가져갔다. 샤오부뎬도 이 무더기에서 1개를 가져가 한 무더기에는 5개, 다른 한 무더기에는 3개가 남았다. 샤오베이는 또 두 무더기에서 한꺼번에 각각 2개씩 가져가서 각 무더기에 3개, 1개씩 남았다. 샤오부뎬은 돌멩이 3개가 있는 무더기에서 1개를 가져가며 말했다.

"형이 또 졌어요!"

샤오베이가 보니 조금 전에 한 게임의 상황과 같이 각 무더기에 2개, 1개가 남았다. 샤오베이는 이마를 또 한 대 맞았다. 샤오베이는 게임을 할 때마다 계속 졌다. 그리고 샤오부뎬도 이마를 때리는 손가락 힘이 자신도 모르게 점점 세져서 결국 샤오베이의 이마에 큰 혹을 만들었다.

샤오베이는 머리를 감싸며 딩당에게 복수해 달라고 했다. 딩당이 와서 보고 잠시 생각하더니 돌멩이 11개가 있는 무더기에서 7개를 가져갔다. 한 무더기에는 7개, 다른 무더기에는 4개가 남았다. 샤오부뎬은 7개가 남은 무더기에서 2개를 가져갔다. 딩당은 곧바로 두 무더기에서 각각 3개씩 가져갔다. 그러자 한 무더기에는 2개, 다른 무더기에는 1개가 남았다.

"앗, 내가 졌잖아!"

샤오부뎬이 머리를 치며 말했다.

"네가 졌으니까 내가 벌칙을 줘야지!"

샤오베이는 샤오부뎬의 머리를 안고 이마를 힘껏 때렸다. 그러자 샤오부뎬의 이마에 큰 혹이 생겼다.

"형이 이기면 제가 축구공을 드린다고 했잖아요!"

샤오부뎬은 머리를 부여잡고 외쳤다.

"난 축구공은 필요 없어. 우리 둘이 한 팀으로 게임해서 이긴 쪽이 진 쪽 이마에 혹 만들기 하자."

샤오베이는 헤벌쭉 웃으며 말했다.

샤오부뎬은 받아들일 수가 없어 허리춤에서 돌을 한 움큼 꺼내서는 12개짜리 한 무더기와 18개짜리 한 무더기를 만들었다. 딩당은 잠시 생각해 보고 돌멩이 12개가 있는 무더기에서 1개를 가져갔다. 그러자 샤오부뎬은 돌멩이 18개가 있는 무더기에서 6개를 가져갔다. 이제 한 무더기에는 11개가 남고, 다른 무더기에는 12개가 남았다. 딩당은 11개가 있는 무더기에서 1개만 가져갔고, 샤오부뎬은 12개가 있는 한 무더기에서 1개를 가져갔다. 두 무더기에는 각각 10개와 11개가 남았다. 딩당은 11개가 있는 한 무더기에서 5개를 가져갔고, 샤오부뎬도 10개가 있는 다른 무더기에서 5개를 가져갔다. 이제 한 무더기에는 6개, 다른 무더기에는 5개가 남았다. 딩당은 6개가 있는 무더기에서 3개를 가져갔고, 샤오부뎬도 5개가 있는 다른 무더기에서 3개를 가져갔다. 한 무더기에는 3개가 남고, 다른 무더기에는 2개가 남았다. 딩당이 두 무더기에서 각각 1개씩 가져가 돌무더기에는 각각 2개와 1개가 남았다.

"샤오부뎬이 또 졌네!"

샤오베이가 또 이마를 때리려고 하자 샤오부뎬은 놀라서 머리를 감싸 안고 멀리 달아나 버렸다. 샤오부뎬은 계속해서 놀이를 했지만 매번 졌다!

"형은 무슨 요령이 있나요?"

샤오부뎬이 딩당에게 물었다.

"당연히 있지! 난 승리수를 파악했기 때문에 매번 이길 수 있었던 거야!"

딩당이 웃으며 말했다.

샤오베이와 샤오부뎬이 승리수를 써 달라고 하자 딩당은 흔쾌히 비밀을 공개했다.

"내가 매번 돌멩이를 가져가는 원칙은 돌멩이를 가져간 다음에 두 무더기에 남은 돌멩이의 수가 위의 표에 있는 수가 되게 하는 거야. 예를 들어서 처음에 돌무더기가 각각 7개와 11개일 때 11개가 있는 무더기에서 7개를 가져가면 두 무더기에 남은 돌멩이의 수는 각각 7개와 4개야. 이 숫자들은 바로 세 번째 승리수지. 두 번째 게임은 돌무더기가 각각 12개와 18개였는데, 12개가 있는 무더기에서 1개를 가져가면 남은 돌멩이 수는 11과 18, 즉 일곱 번째 승리수가 돼. 승리수가 되도록 돌멩이의 수를 남기면 내가 반드시 이기게 되어 있어!"

승리수 번호	1	2	3	4	5	6	7	8
갑 무더기	1	3	4	6	8	9	11	12
을 무더기	2	5	7	10	13	15	18	20

"그럼 이 표는 어떻게 만든 거예요?"

샤오부뎬이 또 물었다.

"첫 번째 쌍은 1과 2야. 그리고 두 번째 쌍부터는 이렇게 하는 거야. 갑 무더기의 수는 앞에서 나오지 않은 최소 자연수를 쓰고, 을 무더기의 수는 갑 무더기의 수에 번호를 붙이는 거야. 예를 들어서 두 번째 쌍에서 갑은 3이고 을은 3+2=5야."

딩당은 표를 가리키며 말했다.

　이제 작별할 시간이 다가왔다. 빙빙 총리는 딩당과 샤오베이에게 수학책 세트를 하나씩 주고, 샤오베이에게는 특별히 축구공도 선물했다.
　빙빙 총리는 직접 딩당과 샤오베이를 빙글나라의 국경까지 데려다 주고 두 소년이 멀리 사라질 때까지 손을 흔들며 환송해 주었다.

샤오베이랑 정리해 보자! 개념 쏙쏙! 실력 쑥쑥!

안녕! 친구들. 딩당과 나의 눈부신 활약상은 잘 보았니? 헤헤. 여러분도 책에서 배운 수학 개념들을 바탕으로 차곡차곡 실력을 쌓으면 딩당처럼 수학 올림피아드 1등도 할 수 있어. 수힛. 그럼 이야기에 나왔던 중요한 문제들을 다시 한 번 정리해 볼까?

1 얼떨결에 참가한 빙글나라의 수학 경기 : 집합

우리 반에 학생이 45명인데, 이 중에 잘 우는 아이가 17명이고, 잘 웃는 아이가 18명, 잘 울기도 하고 잘 웃기도 하는 아이가 6명이다.
(1) 잘 웃기만 하고 울지 않는 아이는 몇 명인가?
(2) 잘 울지도 잘 웃지도 않는 아이는 몇 명인가?

풀이

이 문제는 **집합**이란 수학 개념을 보여 주고 있어. 집합은 주어진 조건에 알맞은 대상이 명확하게 구별되는 모임이란 뜻이야. 알기 쉽게 그림으로 설명해 볼게. 큰 원 안에 있는 두 개 중에 한 원은 잘 우는 아이들의 모임이고, 다른 한 원은 잘 웃는 아이들의 모임이야. 그리고 두 원이 겹치는 부분은 잘 울기도 하고 잘 웃기도 하는 아이들이고, 큰 원 안에 있지만 작은 두 원의 바깥은 잘 울지도 잘 웃지도 않는 아이들이야. 이 원들의 관계를 보고 계산해 보면, 잘 울지만 웃지는 않는 아이는 모두 11명이고, 잘 웃

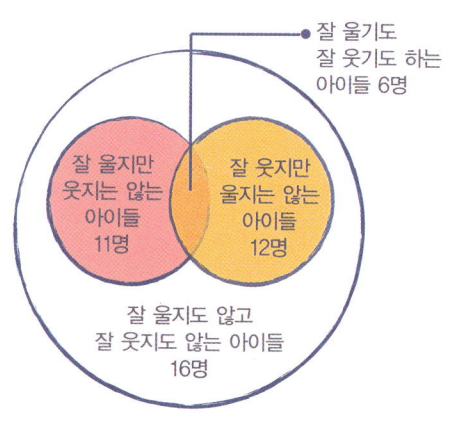

지만 울지는 않는 아이는 모두 12명. 또 잘 울기도 잘 웃기도 하는 아이는 6명이고, 잘 울지도 잘 웃지도 않는 아이는 모두 16명이야. 그러므로 (1)의 답은 12명, (2)의 답은 16명이 되네.

 1990년 아시아·태평양 수학 올림피아드 4번 문제 〈집합〉
1989년 국제 수학 올림피아드 1번 문제 〈집합〉

2 딩당과 샤오베이, 납치되다 : 제곱수

보물 상자가 자물쇠로 잠겨 있다. 자물쇠의 비밀번호는 abcdef이다. 이 숫자 6개는 모두 다르고, $b \times d = b$, $b+d=c$, $c \times c=d$, $d \times d+f=e+d$ 가 성립한다. 비밀번호를 찾아 보물 상자를 열어라.

풀이

우선 세 번째 식이 c×c=a인 걸로 봐서 a는 분명히 **제곱수**야. 제곱수는 같은 수를 두 번 곱해서 나오는 수를 말해. 0에서 9까지 숫자 10개 중에 0, 1, 4, 9만 제곱수인데 a는 0일 리가 없어. 그러면 c가 0이 되어서 a와 c가 같아지거든. 쪽지에는 6개 숫자가 모두 다르다고 했으니까 이 경우는 조건에 맞지 않아.

마찬가지로 a는 1일 수도 없어. 그래서 a는 4 아니면 9야. 따라서 c도 2 아니면 3이야. 첫 번째 수식은 b×d=b이니까 d는 분명히 1이겠지.

그리고 d가 1이니까 b+d=c인 걸 생각하면 c가 b보다 1이 더 큰 걸 알 수 있어. 위에서 c가 2나 3이라고 했고, d가 1이고 c가 b보다 1이 크다는 단서를 얻었어. 그런데 c는 2가 될 수가 없어.

만약에 2라면 b는 반드시 1이야. 그런데 d가 이미 1이니까 b하고 같아지잖아. 그래서 b는 2이고, c는 3일 수밖에 없어. c=3이면 a는 9이겠지. a×d+f=e+d이니까 분명히 f=0이고 e=8일 거야. 그러니까 abcdef=923180이야. 보물 상자를 여는 비밀번호는 923180이로군.

- 1988년 국제 수학 올림피아드 6번 문제 〈완전제곱수〉

수학궁을 그냥 구경만 하다: 소인수 분해

○○○ × ○○ = ○○ × ○○ = 5568

동그라미 아홉 개 안에 1부터 9까지의 숫자를 넣어라. 주의할 점은 피승수(곱해지는 수)가 승수(곱하는 수)보다 크다는 것이다.

풀이

일단 5568을 **소인수 분해**해 보자. 소인수 분해는 어떤 수를 소수의 곱으로 나타내는 것을 말해. 소수는 1과 그 자신만을 약수로 갖는 수라는 건 알지? 그럼 5568을 소수로 나눠 보자. 그리고 이번에는 5568을 소수들의 곱으로 표시해 보면, $5568 = 29 \times (3 \times 2^6) = 29 \times 192$. 근데 이 식에서는 2와 9가 반복되니까, 안 되겠네. $5568 = (29 \times 2) \times (3 \times 2^5) = 58 \times 96 = 96 \times 58$. 이 식은 중복되지 않네. $5568 = (29 \times 2 \times 3) \times 2^5 = 174 \times 32$. 위 식의 숫자와 겹치지 않지? 또 피승수가 승수보다 커야 한다는 조건도 충족하고 있어. 그럼 답은 174329658이겠군.

```
2 | 5568
2 | 2784
2 | 1392
2 |  696
2 |  348
3 |  174
2 |   59
       29
```

• 1985년 국제 수학 올림피아드 4번 문제 〈소인수〉

수학궁에 들어가기 정말 어렵네!:기수법

○●○○●○○●●

불이 들어온 것(○)은 1, 꺼진 것(●)은 0을 의미한다.
이진수로 표현한 후, 다시 십진수로 바꿔 보자.

기수법은 임의의 수를 일정한 개수의 숫자를 사용하여 표현하는 방법이야. 일반적으로 임의의 수 0, 1, 2…p-1의 p개의 정수를 써서 나타내는 기수법을 p진법이라고 해. 보통 사용하고 있는 진법은 0, 1, 2… 9의 10개의 숫자를 사용하는 십진법이고, 십진법의 수를 십진수라고 해. 십진수는 0~9를 사용하여 십이 되면 한 단위가 올라가고 이진수는 0과 1, 두 숫자를 사용하고 2를 만나야 하나가 올라가. 내가 표를 만들어 줄게.

이진수	1	10	100	1000	10000	100000	1000000	……
십진수	1	2	4	8	16	32	64	……
계산방법	2^0	2^1	2^2	2^3	2^4	2^5	2^6	……

이진수에서 0이 몇 개냐 하는 건 십진수에서 2의 몇 제곱이냐 하는 것과 같아.

○●○○●○○○●●를 이진수로 나타내면 1011011100이야. 그럼 이제 십진수로 바꿔 보자.

오른쪽에서 왼쪽으로 볼 때 열 번째 숫자는 1이니까 2^9=512이고 9번째 숫자는 0이니까 계산할 필요가 없지. 여덟 번째, 일곱 번째는 모두 1이니까 각각 2^7=128, 2^6=64야.

마찬가지로 다섯 번째, 네 번째, 세 번째 숫자가 1이니까 역시 각각 2^4=16, 2^3=8, 2^2=4야.

마지막으로 이 숫자들을 모두 더하면,

512+128+64+16+8+4=732가 나와. 이진수 1011011100을 십진수로 나타내면 732네.

• 1994년 아시아 · 태평양 수학 올림피아드 5번 문제 〈기수법〉

5 그림에 숨은 단서를 찾아라!: 수열

옛날에 어떤 사람이 토끼 한 쌍을 울타리 안에 가둬 놓으면 일 년 후에 토끼가 몇 쌍이나 태어나는지 알고 싶었다. 부모 토끼 한 쌍 A는 한 달에 새끼 토끼 한 쌍 B를 낳을 수 있고, 또 한 달이 지나면 새끼 토끼 한 쌍 B는 부모 토끼 한 쌍 A로 자라는 규칙이 있다. 일 년 후에 울타리 안에 토끼가 몇 쌍이 있는지 계산해 보라.

풀이

토끼가 번식하는 규칙을 그림을 그려서 찾아보자! 처음에 부모 토끼 한 쌍 A가 있겠지. 한 달 후에 부모 토끼는 새끼 토끼 한 쌍 B를 낳아. 두 달 후에 새끼 토끼는 부모 토끼가 되니까, 부모 토끼

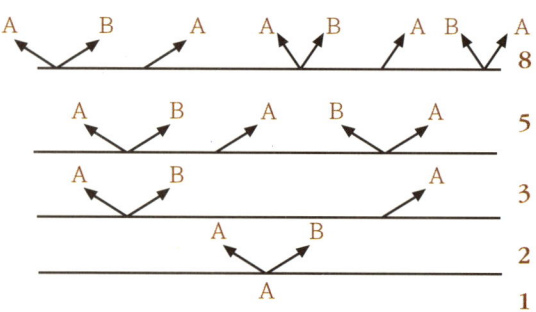

는 두 쌍이 되고, 원래 부모 토끼 한 쌍은 또 새끼 토끼 한 쌍을 낳겠지. 그렇게 세 달 후에는 부모 토끼가 세 쌍이 되고, 이전의 부모 토끼 두 쌍은 새끼 토끼 한 쌍씩 낳겠지.

이런 식으로 부모 토끼가 몇 쌍인지 생각하면, 1, 1, 2, 3, 5, 8, 13……. 여기서 뒤에 나오는 수가 앞에 있는 두 수의 합이라는 규칙이 보이니? 그럼 12개월 후에 이 울타리 안에 토끼가 몇 쌍이나 있을지 계산해 낼 수 있겠지. 5+8=13, 13+8=21, 21+13=34 …… 89+144=233. 모두 233쌍이야. 이 규칙은 12세기 말 이탈리아 천재 수학자 레오나르도 피보나치가 알아냈기 때문에 **피보나치 수열**이라고 한단다.

- 1995년 국제 수학 올림피아드 4번 문제 〈수열〉

6 이번엔 고대 수학관으로!:피타고라스 정리

피타고라스 정리:직각 삼각형의 빗변으로 하는 정사각형의 넓이는 나머지 두 변을 각각 한 변으로 하는 두 정사각형의 넓이의 합과 같다.

증명

피타고라스 정리를 증명하는 방법은 정말 많아. 300가지가 넘는 증명 방법만 모아 놓은 책이 있을 정도야.

우리 그럼 피타고라스는 어떻게 알아냈는지 볼까? 피타고라스는 우연히 바닥에 깔린 타일 모양을 보고 피타고라스 정리에 대한 힌트를 얻었다고 해.

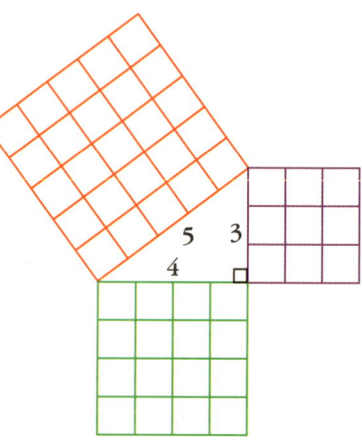

그림에서처럼 빗변 5의 정사각형 넓이는 25, 나머지 두 변의 정사각형의 넓이는 각각 9과 16이야. 25=9+16. 어때? 타일 조각으로 나눈 그림으로 보니까 이해가 더 빠르지?

- 2001년 한국 수학 올림피아드 중등부 1번 문제
  〈피타고라스 정리〉

이번엔 고대 수학관으로!:연립방정식

꿩과 토끼가 모두 35마리 있다. 다리의 수는 모두 94개이다. 꿩과 토끼는 각각 몇 마리인가?

중국의 수학 고전인 《손자산경》에 나오는 '계토동롱' 문제야. 책에서는 이렇게 풀었지?

토끼의 수=$\frac{1}{2}$×다리 수−머리 수.

토끼의 수=$\frac{1}{2}$×94−35=47−35=12(마리).

닭의 수=35−12=23(마리). 토끼 12마리, 닭 23마리가 나왔어.

우리 이 문제를 **연립방정식**으로 한번 풀어 볼까? 꿩과 토끼의 수를 각각 x, y라고 하면, x+y=35, 다리 수는 2x+4y=94.

이 식을 2로 나눈 x+2y=47에서 첫 번째 식을 빼면, x=23, y=12이므로, 꿩은 23마리, 토끼는 12마리야.

이렇게 풀어도 저렇게 풀어도 정답은 변함이 없구나!

• 1961년 국제 수학 올림피아드 1번 문제 〈연립방정식〉

8 노래를 부르는 사람의 계시: 최소공배수

어느 장군의 아래서 훈련하는 병사는 100명이 안 된다. 장군은 인원 보고를 세 번 하라고 했는데, 3명씩 보고하면 마지막에 병사가 2명 남고, 5명씩 보고하면 마지막에 병사가 3명 남는다 그리고 7명씩 보고하면 마지막에 병사가 3명 남는다. 병사는 모두 몇 명인가? 단, 문제를 풀기 위한 힌트로 다음의 노래 가사를 참고하라.

3인이 70세까지 함께 가기는 드문데,
나무 5그루에 매화가 21송이 열렸네.
7인이 15일 만에 한자리에 모이고,
105를 없애면 바로 알 수 있네.

풀이

문제 풀이를 위한 힌트까지 주다니. 금방 답을 구할 수 있겠는데! 우린 100 이하의 자연수 중에서 3으로 나누면 2가 남고, 5로 나누거나 7로 나누었을 때 3이 남는 수를 찾으면 돼. 노래 가사에서 앞의 세 부분은 3인, 나무 5그루, 7인이야. 이건 3명씩, 5명씩, 7명씩 인원을 보고하는 거랑 약속이나 한 듯이 똑같지?

'3인이 70세까지 함께 가기는 드문데.' 70은 5와 7로 나누어떨어지지만, 3으로 나누면 1이 남아. 만약 70×2는 어떨까? 이건 5와 7로 나누어떨어질뿐더러 3으로 나누면 2가 남아. 이건 3명씩 보고해서 마지막에 2명이 남는 것과 같지.

'나무 5그루에 매화가 21송이 열렸네.' 21×3은 3과 7로 나누어떨어지고 5로 나누면 3이 남아. '7인이 15일 만에 한자리에 모이고.' 한 달의 반은 15일이야. 15×3은 3과 5로 나누어떨어지고 7로 나누면 3이 남아. 그럼, 조건을 만족하는 숫자 M은,

$M = (70 \times 2) + (21 \times 3) + (15 \times 3)$.

그런데 M이 100이 넘은 248이네. 맨 마지막 가사를 볼까?

'105를 없애면 바로 알 수 있네.' 야. 여기서 105는 3, 5, 7의 **최소공배수**임을 알 수 있어. 최소공배수는 두 개 이상의 정수에 대해 공통되는 배수가 되는 최소의 자연수를 말해. 최소공배수는 각 수를 소인수 분해해서 공통인 소인수와 나머지 소인수를 모두 곱해서 나오는 수야. 3, 5, 7은 공통되는 수가 없는 서로소이기때문에 한 번씩 곱하면, 3×5×7=105, 최소공배수는 105가 나와. 이제 248에서 105를 두 번 **빼면** 구하고자 하는 수 N을 얻을 수 있어. $N = (70 \times 2) + (21 \times 3) + (15 \times 3) - (105 \times 2) = 38$. 즉, 병사는 모두 38명이야.

- 1981년 국제 수학 올림피아드 4번 문제 〈최소공배수〉

《李毓佩数学故事系列》
数学王国历险记
作者: 李毓佩
copyright ⓒ 2009 by 湖北少年儿童出版社
All rights reserved.
Korean Translation Copyright by GREEN BOOK Publishing Co.
Korean edition is published by arrangement with 湖北少年儿童出版社 through EntersKorea Co., Ltd, Seoul.

※ 이 책의 한국어 판 저작권은 엔터스코리아를 통해 중국 湖北少年儿童出版社와 독점 계약한
   그린북에 있습니다.
※ 저작권법에 의해 한국 내에서 보호를 받는 저작물이므로 무단 전재 및 무단 복제를 금합니다.